Ammaanta Buugga

"Buuggan, Ilmakorinta Habboon, wuxuu si qoto dheer u eegayaa arrimo aad muhiim u ah oo waaliddiinta Soomaalida qurbajoogga ah ay si maalinle ah u la kulmaan, isla markaana wuxuu bixinayaa talooyin lagu xallin karo, si gaar ah iyo si guud ahaaneedba."
—**Mustafa Ibraahim**, PhD, Executive Director of STEP Academy Charter School

"Aniga oo Ruqiya ka la soo shaqeeyay guddiga la doortay ee Board of Directors of Cedar Riverside Community School, waxaan ogahay in ay aqoon sare oo muhiim ah ka heshay muddadii dheerayd ee ay la shaqaynaysay waaliddiinta iyo carruurta oo ay ka caawinaysay sidii marka ay ilmaha korinyaan u la falgeli lahaayeen dhaqanka iyo nidaamka nololeed ee Maraykanka. Waaya-aragnimadaasi waxay u horseedday rabitaan xooggan oo ay kor ugu qaadayso wacyiga laga qabo arrimaha illmakorinta, iyada oo isla markaana siinaysa fikrado ilmakorineed oo dhaqanka Islaamka ku salaysan. Waxbarashadeeda (Shahaadooyin jaamacdeed oo isugu jira Islaami iyo Korriimada carruurta) oo ay u weheliyaan khibradaha tooska ah ee hooyanimo, jiheeye, iyo u doode bulsho oo waaliddiinta iyo qoysaska la shaqeeya ayay ka heshay khibrad heer sare ah oo awood u siisay in ay bixiso talooyinka buuggan ku qoran. Ilmakorinta Habboon waa marjac loo baahanyahay oo ay waaliddiinta Soomaaliyeed xog iyo taageeraba ka heli doonaan."
—**Merri Benasutti,** Coordinator for Community Partnership, Office for Public Engagement, University of Minnesota

"Waxa aan ku faraxsanahay in aan arko waxsoosaarkan caqliga iyo cilmiga ku dhisan ee Ruqiya Cabdi. Bulshadeennu baahi wayn ayay u qabtaa cilmibaaris qoto dheer oo arrimaha bulshadeenna lagu sameeyo isla markaana ay sameeyaan dad bulshadeenna ka tirsan. Ruqiya waa mufakirad aad loo yaqaan looguna qaddariyo hawlaha dhallinyarada Bariga Afrika-Minnesota. Horumarka bulshadeennu wuxuu ku xiranyahay hadba sida aynnu u samaysanno nidaamyo dhisa awoodda qoys ahaaneed oo faca soo socda ku haggi karta diinta iyo u adeegga buslho. Ruqiya Cabdi waxay waxqabadkeeda ku muujinaynaysaa in dedaalkaasi aanu meel cidla' ah ka hanaqaadayn ama aan sida ugu habboon loo meelmarin karin haddii aan la dhisin xiriirro lagu la falgalo hay'adaha iyo nidaamyada ay ka mid yihiin kuwa caafimaadka, waxbarashada, iyo dawladda. Ruqiya waxay mudantahay in loo aqoonsado in ay marjac lagu kalsoonyahay u tahay qoysaska iyo nidaamyada taageera horumarkooda."

—**Shariif Maxamed**, Imaam, Islamic Civic Society of American iyo Open Path Resources

Ilmakorinta Habboon

Jiheeyaha Waaliddiinta Qurbajoogga
ah ee Soomaalida

RUQIYA CABDI

Ilmakorinta (Waalidnimada) Habboon © copyright 2020, Ruqiya Cabdi. Dhammaan xuquuqdu waa ay dhawrantahay. Buuggan ama qayb ka mid ah sinaba dib loogu ma soo saari karo sawirqaadid, koobbiyayn, minguurin, ama qaab kalaba. Idaacad nooc ay ahaataba laga ma tebin karo, af kale mid uu ahaadaba loo ma tarjumi karo, cod ahaanna sinaba loogu ma duubi karo, iyada oo aan oggolaansho buuxa oo qoraal ah laga helin qoraaga, marka laga reebo naqdiye qaybo kooban ku xigan kara naqdin ama falanqay cilmiyeed rasmi ah.

ISBN 13: 978-1-63489-411-1
Library of Congress Catalog Number has been applied for.
Maraykanka ayaa lagu daabacay.
Daabacidda Kowaad: 2020

24 23 22 21 20   5 4 3 2 1

Shirkadda Wise Ink Creative Publishing waxay beddelka geed kasta oo loo adeegsaday daabicidda buugan beertaa kumannaan geed oo lagu fuliyo barnaamijyada dibudhiraynta deegaannada. Faahfaahin dheeraad ah ka dheeho bogga wiseink.com.

Hibeyn

Buuggan waxaan u hibeeyay ubadkayga oo ii ah dhaqaajiyaha dhammaan dedaalladayga hal'abuur daryeelka bulsho. Gabadhayda naxariista iyo dhimrinta badan, Sumaya, wiilkayga adeegga u heellan ee dabciga san, Khaalid, iyo gabadheyda kale ee gacalnimada iyo maskax badnaanta isku darsatay, Aamina. Dhammaantiin waan idin jecelahayn hooyo! Waa aan sii wadi doonaa in aan idiin sameeyo deegaan aad dhammaantiin ku naalloon kartaan idinka oo jacayl la idin ku korinayo. Buuggani waxa uu isugu jiraa waxbarasho, dhaqan, iyo u bogid aqoon iyo deegaameed aad ka kasban doonto. Dhammaantiin hibo ayaad leedihiin nasiibna waxaad u leedihiin in aad haysataan fursado tiro badan. Waxa aan rejaynayaa in aad u bogi doontaan waxa aad haystaan oo aad sii gudbisaan, si aad u caawinaya dadka kale ee u baahan.

Contents

Hibeyn
3

Hordhac
9

Bilow Geeddiga!
11

Carruurnimada Hore: Waxba wax baa ka Horreeya
35

Aamminaadda iyo Dhisidda Xiriirka
67

Da'da Tobaneeyajirka
83

Waxbarashada: Diini (Islaami) ama Maaddi
105

Tasiilaad: Dad iyo Qalab
135

Mahadcelin
149

Tixraac
151

Hordhac

Marka loo eego aqoonta aan u leeyahay korriimada carruurta, waxaan akhriyay oo suuqana ku arkay buugag badan oo ilmakorinta ku saabsan. Sidaa oo ay tahay, ma aan arag buug u qalma bulshadayda Bariga Afrika ka timid iyo baahyaha ilmakorineed ee Soomaalidu hadda u baahantahay. Buuggani waxa uu diiradda saarayaa caqabadaha waaliddiinta bulshada Bariga Afrika ka timid, gaar ahaanna Soomaalidu ay ku la kulmaan qurbaha, iyada oo si gaar ah loo xusayo qodobo asaasi ah oo ku saabsan Islaamka iyo baahiyaha ilmaheenna qurbaha.

Haddii aad tahay waalid ama xannaaneeye, macallin iskuul, macallin dugsi Quraan, macallin xilliga iskuullka ka dib ilmaha wax bara, ama tababbare, iyo haddii kalaba, buuggani waa uu ku anfacayaa.

Sannado badnaa oo aan la shaqaynayay waaliddiin iyo carruur ayaan ka korsaday ogaanshaha baahiyaha bulshadayda iyo sida waaliddiinta Soomalida ahi u la halgamayaan sidii ay ilmahooda bii'adan cusub ugu korin lahaaeen. Waxbarashada waaliddiintani u baahanyihiin waxaa la yiraahdaa ilmakorin (waalidnimo), taa oo aan ogahay in in badan oo saaxiibbadayda Soomaalida ahi ay dood ka keeni doonaan maaddaama ay aad ugu wareeraan. Marka kali ah ee ay maqlaan arrintani waa marka hay'adda badbaadada carruurtu (child protection agency) ay albaabka ku soo garaacdo. Waa aan ka xanaaqi jiray marka aan maqlo hay'adda badbaadada carruurta oo doonaysa in ay carruuro ka xilwareejiso waaliddiin in ay aad uwanagsanyihiin aan ku aqaan. Aniga oo ku dhex jira waxbarashadaydii jaamacadeed ee korriimada carruurta ayaan bartay in uu jiro habraac dhan oo ka horreeya inta aanu sargaal ka socda hay'adda badbaadada carruurtu qof gurigi soo faragelin. Waxa aan go'aansaday in aan mawduucaan ilmakorinta si fudud oo ku habboon afkoodana ku qoran ugu soo bandhigo waaliddiinta Soomaaliyeed.

Buuggani xal buuxa u noqon maayo dhibaatooyinka Maraykanka ama dal kale ku haysta waaliddiinta Soomaaliyeed iyo ilmahooda e ujeedku waa in uu kor u qaado wacyiga laga qabo arrimaha hadda ka taagan ilmakorinta soona gudbiyo qodobbada aasaasiga ah ee ku saabsan ilmakorinta dhaqanka Islaamka ku salaysan, iyo in uu sidoo kale muuqaal guud ka bixiyo fikrado saldhig u ah ilmakorinta. Korinta ilmuhu waa mas'uuliyad wadareed oo waa tan la yiraahdaa, "Degmo dhan baa dhallaan korisa (It takes a village to raise a child)."

Buuggani waa sida ogor qalab kala duwani ka buuxo, kaa oo hadba mowduucyada aad u baahantahay ka adeegsanayso xilliga aad u baahato. Waxaan doonayaa in aan intii suuragal ah ilmakorinta ka dhigo mid loo bogo oo dheefteeda loo hanwaynaado. Qodobbada mawduucan ku saabsan ee buuggani ka hadlayo waa kuwo si ulakac loo soo xulay maaddaama ay yihiin kuwo in badan lagu hadal hayo Soomaalida dhexdeeda.

Cutubka Kowaad

Bilow Geeddiga!

Geeddiga ma bilaabaysaa mase bilaabi maysid? Waa taa wayddiinta ugu wayni! Ilmakorintu waa habraac la maro, haddii aynnaan habraacaa bilaabinna fikradda ilmakorintu sideedaba naga dhaadhici mayso. Cutubkan waxa aynnu ku qaadaadhigi doonnaa habraaca ilmakorinta, ka dibna waxa aynnu diiradda si gaar ahaaneed u saari doonnaa dhaqanka Soomaaliga iyo Islaamka. Waxa aynnu ka hadli doonnaa sida waaliddiinta Soomaaliyeed ee qurbuhu u wajaheen ilmakorinta iyo caqabadaha ay ka la kulmeen. Cutubku waxa uu ku gabagaboobi doonaa falanqayn ku saabsan isbaddalka gilgilay caadooyinkii ilmakorinta iyo dhaqannadii waaliddiinta Soomaaliyeed.

Waa Maxay Dhalkorin (waalidnimo)?

Bulsho kastaa siyaabo ilmakorintooda u gaar ah ayay leedahay. Xeeladahaasi waxay ku salaysnaan karaan caadooyin, dhaqanno, iyo diin. Hase ahaatee, marka aynnu ilmakorin qeexno, shaki ku ma jiro in sida aynnu u wajahnaa saamayn adag ku yeelanayso sida ilmuhu dabci ahaan u dhaqmaan waxna u bartaan. Ugu horrayn, aynnu eegno qeexitaanno ilmakorineed.

Ilmakorintu waa habraac dheer oo dhal lagu koriyo, iyada oo loo eegayo hadba dhaqanka iyo waaya'argnimada nololeed (Learning Parenting). "Hab ilmakorineed waa astaanta lagu yaqaan xasillooni waalidnimo oo muddo dheeraata, taa oo saldhig u noqonaysa wadciga bii'aadeed iyo midka maxskaxeed ee ilmakorinta iyo bulshaynimada (Learning Parenting).

Marka aynnu maqalno erayga "ilmakorin", gaar ahaan Soomaalida dhexdeeda, waa marka ay hay'adda badbaadada carruurtu soo farageliso ee waaliddiinta loo diro waxbarasho ilmakorinta ku saabsan. Dhab ahaan, ilmakorintu waa wax sidaa oo kale ay wax ka yaqaannaan ardayda jaamacadaha wax ka barta. Waxa aynnu wax ka barannaa noocyada kala duwan ee hababka ilmakorinta oo lagu qaato koorsooyinka ku saabsan korriimada iyo waxbarashada carruurta.

Sannadihii 1960-naadkii ayay Dianna Baumrid cilmibaaris ku samaysay sida waaliddiinta qaarkood ay u la dhaqmaan carruurahooda heerka da'da iskuulka caadiga ah lagu bilaabo ka yar. Markii ay u kuurgalkeedii dhammaysay, waxa ay qortay in ay jiraan saddex habab ilmakorineed oo ay waaliddiintu adeegsadeen. Hababkaasi waxay kala yihiin keligitalis (authoritarian), waalid awooddiisa waalidnimada adeegsada (authoritative), iyo waalid debecsan (permissive). Keligitalis waa marka waalidku addeecid buuxda ilmaha ka doonayo. Haddii si kale loo dhigo, waa sida keligitalis uu dal xukumo ee dadwaynuhu aanay wax talo ama cod ah meelna ku lahayn. Waaliddiinta awoodda waalidnimo ee qumman adeegsadaa (authoritative) cadaadis qumman ayay saaraan ilmahooda, waana ku xiranyihiin oo la falgalaan. Sidaa oo ay tahay, isbeddelka waa u diyaarsanyihiin waxayna u dhaqmaan hab dimuqraaddi ah oo doorashada aan ilmaha laga qaadayn. Waaliddinta debecsan (permissive) ilmahooda wax kasta waa u oggolaadaan, in xeerar la raacana waxay ka doorbidaan saaxiibtimo dhaw ay ilmahooda la yeeshaan. Xeeladaha mid kasta oo noocyadaa waaliddiinta ah ka mid ahi adeegsado waxay na tusayaan sida qaab kastaa u saameeyo sida ay noqonayaan habdhaqanka iyo waxbarashada carruurtu.

Waaliddiinta awoodda keligitalismo adeegsada iyo kuwa awoodda qumman ee waalidnimo adeegsadaa labaduba waa ku ad'adagyihiin ilmahooda waxayna u dejiyaan xeerar adag oo ay raacaan. Farqiga u dhexeeyaa waa in waalidka keligitaliska ahi aanu ilmaha la falgelin oo dareen u muujin, halka waalidka awooddiisa qumman adeegsadaa ay ilmaha la falgalaan oo dareenkooda tixgeliyaan. Tusaale ahaan, waaliddiinta kaligoodtalisyada ah amar ayay ilmaha siiyaan iyaga oo aan fahansiin isla markaana ka doonayaa amarqaadasho buuxda oo aanay hadal ka soo celin, halka waalidka awooddiisa qumman adeegsadaa ay ilmaha wax u diraan iyaga oo u faahfaahinaya sababta ka dambeysa in waxaa loo diro. Waaliddiinta debecsani ilmaha culays ma saaraan ee waxa ay aad isugu hawlaan qancintooda uun. Waalidka noocan ahi xeerar ayuu u dejiyaa carruurta laakiin awooddiisa waalidnimo u ma adeegsado in ay fuliyaan xeerarkaa. Waxay wayddiiyaan carruurta in ay xeerarkaa raaci karaan iyo in kale, haddii aanay raaci karinna wax ciqaab ahi uga iman mayso. Waxay carruurtooda u oggaaladaan waxay doonayaan, marka ay doonaan, iyaga oo qancinta carruurta ka door bidaya toosintooda. Carruurta ay koriyaan waalliddiinta aadka ugu debacsani marar iskuulka (waxbarashada) aad ayay ugu wanaagsanaadaan, marar kalana ku ma wanaagsana. Waxay ku wareeraan ilaa xadka ay waxay doonaan fali karaan, taa oo ay ugu wacantahay xeerarka aan sugnayn ee ay waalidkood ka barteen. Waxay kale oo u nugulyihiin maandooriyayaasha iyo saaqidnimada.

Sannadihii 1980-naadka, laba aqoonyahan oo cilminafsiga ku takhasusay, Eleanor Maccoby iyo John Martin, ayaa waxay ku dareen hab waalidnimo oo afraad ay ku magacaabeen waalidka dayacaaga ah (neglectful/uninvolved) farahana ka la baxa carruurtiisa. Waaliddiintaa waxaad ku garan sida ay carruurtooda u la dhaqmaan. Waxa ay ku guuldarraystaan in ay baahiyaha aasaasiga ee carruurtooda daboolaan. Baahiyahaasi waxaa ka mid ah cunno, arradtir, hoy sugan, iyo wixii soo raaca. "Waaliddiintani ilamaha awooddooda waalidnimo ma saaraan ilmaha tixgelintoodana isku ma hawlaan" (Klein iyo Ballantine 2001, 46). Ilmakorinta dayacani waxay ka dhalan kartaa xanuun dhimirka la xiriira ama arrimo kale oo guriga ka dhaca, sida tacaddi waalidka ka soo gaara qofka ay wada joogaan ama dhibaatooyin dhaqaale.

Sidaa ayaynnu u aragnaa hababka kala duwan ee ilmakorinta, waxaana la rejaynayaa in aynnu nooca aynnu nahay baranno oo sii wanaajinno ama hab kale baranno oo u beddelanno. Waxa kale oo aynnu ku baraarugi doonnaa dabeecadaha aynnu carruurtayada ku la dhaqanno, maaddaama ay muhiim u yihiim sida ay hadhow u dhaqamayaan u lana falgalaan dunida ku xeeran.

Dhibaatooyinka Ilmakorinta waxaa Sabab u ah Amakaagga Dhaqameed

Soogalootiga Soomaalida ah badankoodu waxay iyagaoo xeryo qaxooti ka yimid Maraykanka yimaadeen abbaaraha 1993. Waxaa taa u sabab ahaa Dagaalka Sokeeye ee 1991 ka qarxay Soomaaliya, ka dib markii taliskii Maxamad Siyaad Barre la riday. Sida ay uu wariyay Pew Research (cilmibaarista Pew), "Maraykanku wuxuu hoy u yahay 7% qaxootiga Soomaalida ah ee dunida" (Connor iyo Krogstad 2016). In badan oo Soomaalida ka mid ah Minnesota ayay deggenyihiin, in kalana waxay ku noolyihiin Columbus, Ohio, Seattle, Washington, Virginia, ama waxay si aan badnayn ugu firiqsanyihiin gobollo kale. Gobolka Minnesota, Soomaalidu waa ay ku baraadhay xagga ka qaybqaadashada siyaasadda iyo ganacsiga, laakiin waxaa jira arriimo ilmakorinta la xiriira oo ka dhashay habka waxbarasho, kuwaa oo burburinaya nolosha jiilka da'yarta ah ee halkan ku dhashay ama ku koray. Dhibaatooyinka ilmakorineed ee ka jira bulshada Soomaalida dhexdeeda wuxuu u qaybsamaa laba: qayb ka dhalatay aamminaad la'aanta hay'adaha Daryeerlka Bulshada, qaybta kalana waxaa sal u ah fahan la'aanta habka waxbarasho ee dalka oo ay ku jirto waxbarashada ilmakorintu. Aqoon la'aanta ilmakorineed waxay aad u muuqanaysaa marka ilmuhu tobaneeyajir gaaro. Waaliddiinta Soomaalida ah badankoodu waxay habdhaqanka ilmaha aad u la xiriiriyaan dhaqanka dalka cusub ee ay yimaadeen. Waa sax oo kala duwanaan dhaqan waa ay jirtaa la mase xiriirto habdhaqanka ilmaha. Marka laga reebo adeegyada bulshada ee qoysasku helaan, sida daryeelka caafimaad, hoyga, iyo cunnada, halka ugu horreysa ee ay qoysasku la macaamilaan marka ay dalka Maraykanka yimaadaan waa iskuullada. Sababtu waxay tahay; ma helaysid doorashada ah in aad sugto ilaa aad si qumman u degto oo aad dhaqanka dalka cusub ee aad degayso ku barato. Marka ilmuhu ay iskuul bilaaban laakiin aanay la qabsan, waxaa ka muuqan kara calaamo dayac iyo ku-xadgudubid, xataa iyada oo aanay dhab ahayn. Markaa ayuu wareerku u bilowdaa waalidka. Iskuulka ayaa laga soo wacaa, markaa oo afnaquhu u sheego in looga baahanyhaya in ay yimaadaan kulan ay la yeelanayaan macallinka ilmaha iyo hawlwadeen ka socda hay'adda daryeelka bulshada (sooshiyaalka). Iyada oo xeerka la raacayo ayuu hawlwadeenka daryeelka bulshadu la xiriirrayaa hay'adda badbaadada carruurta. Markaa ayuu waaliddiinta khalkhal ku bilowdaa, iyaga oo ka fekeraya in ilmahahooda laga qaadayo. Waxaa lagu doodi karaa in tarjumaanno ay waalidka u sheegayaan arrinta ama kala hadli doonaan inta aannay arrintu u gudbin hay'adda badbaadada carruurta. Si ay noqotaba, dhabtu waa in xogtu aanay si buuxda u gaarin waalidka. Waalliddiintu waxay u baahanyihiin in ay si buuxda u bartaan sida nadaamka la raacayaa u shaqeeyo iyo tarjumaan ama u-qaybsane labada af iyo labada dhaqanba yaqaan. Hawlwadeenka daryeelka bulshada isaguna waa in uu labada af iyo labada dhaqanba yaqaan inta aanu go'aan gaarin. Waaliddiintu ma jecla ama u ma bogaan hawlwadeennada hay'adaha daryeelka bulshada, xiriir aan qummanayn oo dhex maray darteed. Hawlwadeennadu badanaa waxay dalbadaan in ay la kulmaan marka maqnaanshaha Ilmuhu gaaro saddex jeer oo aan cudurdaar laheyn.

Dulmar ku saabsan sida Soomaalidu dalkoodii ilmaha ugu korsan jireen

Si xaaladda hadda taagan loo fahmo, waa in aynnu marka hore eegnaa sida dhibku ku bilowday ee marba marka ka dambeysa isu soo tarayay. Sidii aynnu soo tilmaannay, bulshooyinku waxay leeyahay habab ilmakorineed iyo habab nololeed oo u kala gaar ah. Sida Soomaalidu u noolayd markii ay dalkoodii joogeen waa uu ka duwanyahay kan dalka ay yimaadeen. Ilmakorintu masuuliyad la wada leeyahay ayay ahayd. Maaddaama ay Soomaaliya dadkeedu diinta Islaamka rumaysanyihiin, ilmakorintu waxay ahayd korin iyo waxbarasho (tarbiyad). Qaar ka mid ah arrimaha ilmakorinta ee dad jiilka cusub ee Soomaalidu ka mid yihiin ku wareeraan waxaa ka mid ah caadooyinka Soomaalida ee aan Islaamka sinaba ugu lug lahayn. Caadooyinkaa waxaa ka mid ah ilmaha oo la garaaco, gudniinka gabdhaha, iyo wiilasha iyo gabdhaha oo loo kala eexdo. Markii Soomaaliya la joogay, hooyooyinka iyo aabbayaashu doorar ka la duwan ayay qoyska ku lahaayeen, xubnaha qoyska ee ballaaranina reerka way caawinayeen. Xubnaha qoyska ee badan waxaa ka mid ah eeddooyin, habaryaro, adeerro, abtiyaal, awoowayaal, ayeeyooyin, hooyooyin iyo aabbayaal. Tusaale ahaan, haddii hooyadu doonayso in ay aroos ka qaybgasho, saaxiibteed oo ummushay soo booqato, iyo waxyaalaha la midka ah, qof qoyska ballaaran ka mid ah ayaa guriga imanaya oo carruurta sii haynaya. Qofkaasi waxa uu ahaan karaa eeddo/habaryar, gabar abti/adeer dhalay ama loo yahay ama ayeeyo. Mararka qaar dadka deriska ah ayaa gacan siiya reerka marka qof qoyska soke ah la waayo. Aabbayaasha Soomaalidu waligood reerka dibadda ayay uga soo shaqayn jireen, hooyooyinkuna guriga ayay joogi jireen oo carruurta xannaanayn jireen, in kasta oo ay jireen marar hooyadu qoyska dibadda uga soo shaqayn jirtay. Haddii la furo ama aabbuhu geriyoodo, hooyadu iyadaa qoyska u soo shaqayn jirtay. Waxaa kale oo iyaguna jiray qoysas ay labada waalidba shaqeeyaan oo qof ehelka badan ee qoyska ka tirsan ama booyaaso (gabar shaqada guriga loo shaqaaleysiiyo) ay carruurta xannaaneeyaan. Carruurta waawayni waxay aadi jireen iskuulka ama macallimiin gaar ah ayaa waxbarasho dhaqameed siin jiray. Barayaasha iskuullada ama dugsiyadu (malcaamadda) waxay ka dhignaayeen waalid labaad. Carruurtu macallimiinta waa ay qaddarin jireen, marka dhib dhacana waalidka iyo macallimiintu hadba sida ugu habboon ayay u xallin jireen. Waxbarashadu waa u muhiim Soomaalida, wax kasta oo ay samayn karaanna waa u maraan in carruurtoodu waxbarasho tayo sare leh helaan.

Sidaa darteed, waa sax oo "xaafad dhan" ayaa ilme wada korisa, marka aynnu eegno sidii hore ee Soomaalidu ilmaha u korin jirtay. Hawlwadeennada hay'adda daryeelka bulshda, la taliyayaasha, iyo xannaanooyinka ilmaha la geeyo loo ma baahanayn badanaa. Deriska, ehelka badan ee qoska, waaliddiinta, iyo macallimiinta ayaa hab caawinaadeed u ahaa qoyska, ilmakorintuna wax dhib yar oo loo bogo ayay ahayd! Marka qurbaha la joogo, waxaa dhacda in ehelada qoyska qof kastaa shaqo ama iskuul tago, derisku in aanu ku aqoonba xag dhaqan ama qowmiyadeed, macallinkuna uu ka soo jeedo dhaqan kaaga ka duwan oo aanu ku la aqoon maahmaahda caanka ah ee "xaafad dhan baa ilme korisa." Waxaa kale oo jira xeerar xukuma sida carruurta loo la dhaqmo oo loo dhawro xuquuqooda. Xeerarka waxaa la adeegsadaa marka carruur tacaddi loo geyso, kuwaa oo qabanaya qof kasta oo carruur ka shaqeeya oo ay ku jiraan xubanaha qoyska ehelka la ah. Sidaa awgeed, Soomaalida waxaa la soo dersay isbeddel xagga dhaqanka iyo waaqicinimada ah oo sida ilmaha loo koriyo ku dhacay. Dadku waxay so mareen xaalado nololeed adag, sida dagaal sokeeye, kuwaa oo dhaawacyo hoose kaga tegay. Marka qurbaha a joogo, waxaa dhici karta in xubnaha qoysku aanay ahayn sidii hore, waxaana dhacday dhawr mar oo ay carruur xadgudub u geysteen dad xigtada dhaw ee qoyska ka tirsani. Waaliddiintuna waxay ka baqaan (ceeb u arkaan) iyo hay'adaha shaqada ku leh u gudbiyaa, si aanay bulshadu u cambaarayn. Markaa ayay waaliddiintuna dareemayaan ceeb iyo faquuq in ay sharcifulinta u gudbiyaan.

Caqabadaha Ilmakorineed ee Qurbaha ka Dhashay

Waa muhiim in la fahmo in caqabadaha waaliddiintaasi sheegayaan ay ka duwanyihiin kuwa qurbaha ka bilowday. Markii Soomaaliya la joogay, waaliddiintu laba caqabadood ayaa haystay: fursad la'aan waxbarashada iyo sidii ay carruurtooda u quudin lahaayeen. Hooyooyinku waa in ay ilmahooda u shaqaystaan marka furriin dhaco, maaddaama nimanka Soomaalidu xaaska hore aanay danayn. Hase yeeshee, ujeedkaygu ma aha in taasi Islaamka ama caadooyinka Soomaalida la xiriirto.

Markase qurbaha la joogo ee aynnu caqabad ilmakorineed Soomaalida ka maqalno, waxa aynnu ka hadlaynnaa saddex arrimood: fahan la'aanta habka waxbarashada, ku kalsooni la'aani Adeegga Bulshada (sooshiyaalka), iyo taageero la'aan.

Nadaamka Waxbarashada

Nadaamka waxbarasho (ee dalalka qurbuhu) waa meesha u horreysa ee uu waaliddiintu ku wareeraan ee ay ka dhalato aamminaad la'aan qoto dheer oo ay u qaadaan adeegyada ay ka helaan dalalka ay tagaan! Marka ay yimaadaan dalka Maraykanka, waalidka waxaa laga doonayaa in ay carruurtooda iskuulka ku qoraan. Iskuulkaa ayuu jahawareerka amakaagga dhaqameed ka bilowdaa! Soomaalidu waa dad caado u leh in hadalka wax la isugu gudbiyo, sida ugu wanaagsan ee ay xog isu deeqsiiyaanna waa foolkafoolka. Marka waaliddiinta dalka ku cusubi ay carruurtooda iskuulka cusub ku daraan, waaliddiin kale ayaa kala taliya waaya'aragnimada ay u leeyihiin nadaamka waxbarasho ee jira. Waa ay jiraan tarjumaanno iyo u-qaybsanayaal iskuullada la shaqeeya, dhabta jirtaase waxay tahay in waaliddiinta iyo macallimiinta aanu xiriir qummani ka dhexayn. Waaliddiintu waxaa ku dhasha cabsi ay ka qabaan su'aalaha macallimiinta iyo hawlwadeennada daryeelka bulshada, sababta oo ah in ay ka baqaan in ilmahooda laga qaado haddii jawaabtoodu aanay caadi ahayn, marka loo eego habdhaqanka Maraynkanka. Halkaa door ayaa ka bannaan. U-qaybsanayaasha labada af yaqaan ee iskuullada ardayda Soomaalida ah badankoodu dhigtaan waxa ay ku wanaagsanyihiin in ay afafka Soomaaliga iyo Ingiriisiga u kala tarjumaan mararka ay dhacayaa shirararka macallimiinta iyo waaliddiinta iyo mararka khilaaf dhaco. Si ay ku dhacdaba, waaliddiinta waxaa la siiyaa amarro uun waxa la sheegayana waa ay dhegaystaan iyaga oo aan ka war qabin xuquuqdooda waalid ahaaneed iyo waxa ay ku soo kordhin karaan iskuulka ilmahoodu ay maalintiiba ugu yaraan toddoba saacadood joogaan. Haa oo waaliddiintu waxay u baahanyihiin waxbarasho ilmakorineed iyo taageero kale, laakiin macallimimiintuna door ayay ku leeyihiin farqiga u dhexeeya xiriirka labada dhan.

Waxaa jira arday tiro badan oo Soomaali ah oo dhigata iskuullada degmooyinka Minneapolis iyo Saint Paul. Marka lagu daro u-qaybsanayaasha gaarka ah iyo tarjumaannada maamullada iskuullada u shaqeeyaaxaa, waxaa kale oo jira tiro sii kordhaysa oo Soomaali xirfadlayaal aqoonyahanno ah oo saaxadda soo gelaya. Degmada Saint Cloud ayaa la moodaa in ay ardayda Soomaalidu aad uga muuqato, marka la barbar dhigo Minneaplis iyo Saint Paul, sababtuna waa arrimo la xiriira cunsuriyad iyo faquuq (Mitchell 2016). Degmada dambe waxaa ka dhacay xaalado cunsuriyadeed oo ardayda Soomaalida ah loo geystay. Sidaa awgeed, waaliddiintu waa walaacsanyihiin waxayna isku deyayaan in iskuulba iskuul ku beddeshaan si ay carruurtooda waxbarasho tayo sare leh ugu helaan.

Dadka qaar ayaa isku beddelashada iskuullada ee joogtada ah u fasirtay la qabsasho la'aan dhaqameed oo waalidka haysata ama dhaqanka reer-guuraanimo ee Soomaalida. Dhabtu waxay tahay in waaliddiintu ay raadinayaan iskuul wanaagsan iyo waxbarasho tayo leh. Haddii aynnu doonaynno in ardaydu ay guuleystaan, waa in uu jiraa xiriir toos ah oo u dhexeeya waalidka iyo macallimiinta, iyo sidoo kale in la fahmo nadaamka waxbarasho ee dalka.

Dhanka kale, macallimiintu guul ka ma gaari karaan waxbaridda ardaydaa haddii aanay tababbar dhaqameed marin. Aqoonta dhaqameed aad iyo aad ayay muhiim u tahay in lagu bilaabo ilmuhu marka ay yaryaryihiin, si qoyska oo dhan loogu abuuro deegaan xasilloon oo soo dhawaynaya. Macallimiintu waa in ay yaqaannaan "Xaaladaha dhaqan iyo bulsho ee carruurtu ku noolyihiin; qiyamka, rejooyinka, iyo xaaladaha dabci iyo afeed ee carruurta qaabnololedkooda guriga iyo bulshadooda saameeya, kuwaa oo ay tahay in hawlwadeennadu ku dedaalaan fahmiddooda si ay u suurageliyaan in waxbarashada ama iskuulku waxtar yahay, ku habboonyahay, ilme iyo qoys kastana qaddariyo" (National Association for the Education of Young Children, 2009).

Mid ka mid aha natiijooyinka ugu waawayn ee ka dhashay fahan la'aanta nadaamka waxbarasho waa dedaalka waaliddiinta qaarkood geliyaan in ay carruurtooda ku celiyaan dalkoodii hooyo ee loo yaqaan "Dhaqan-celis." Waa waaya'aragnimo ay waaliddiin badani la doonayaan carruurtooda laakiin qaarkood aad uga naxaan sababta oo ah ilmahoodii oo aan nolol ugu soo laaban Minnesota.

Kuwo kale ayaa iyaguna hore iyo gadaal oo galoobaxa oo ilmakorinta oo dhanba si kale u rogtay.

Haddaba, waa maxay xalku maxaase sababay arrintan wayn ee waxbarasho guulaysata loogu xiriiriyo meesha la joogo iyo sida looga noolyahay? Shaki la'aan, waxaa jira isbaddallo badan oo ay tahay in waaliddiintu wax ka bartaan aqbalaanna in adduunku is baddalay. Waxbarashada bilowga ah iyadu waa arrin kale oo waalidku u baahanyihiin in ay fahmaan. Carruurta yaryari waxay u baahanyihiin in si guud bulshada oo dhammi uga war hayso, halka waalidku noqonayo baraha koowaad ee asaaska ah iyo u go'aamiyaha carruurtooda.

Arrinata aamminidda hay'adda Daryeelka Bulshadu waxay ka dhalatay macaamilka iskuullada iyo waalidka. Waa caqabad qoysaska Soomaalidu qurbaha ku la kulmeen. Soomaalidu dhibaatooyin badan ayay ka soo mareen qaxootinnimo iyo soogelootinimo, kuwaa oo badankoodu ka dhashay nolol qoysced burbursan. Waaliddiinta Soomaalida badankoodu ma raadsadaan caawimo iyo adeegyada la talineed ee ay heli karaan. Waxa ay ka baqayaan waxa dhici doona haddii hay'adaha dawladeed ogaadaan qaar ka mid ah dhibaatooyinka ka dhaca guriga. Dareenkaa oo uu u weheliyo afka dalka looga hadlo oo aanay aqoon ayaa waalidka ka hor istaagta in ay hay'adaha dawliga ah xiriir isgaarsiineed la yeeshaan. Waxa aad ku fikiri kartaa in ay tarjumaanno jiraan oo xiriirka ka caawin karaan. Ugu horreyn, Soomaalidu waxay ku dhaqantaa hab toleed, sidaa awgeedna marka tarjumaanku tolkaa noqdo wax kasta in aad sheegto la ma jecla! Sidaa oo kale, tusaale ahaan; haddii waalidku xadgudub galmeed (kufsi iwm) is yiraahdo dacwo ka gudbi, ku dhiirran kari maayo oo waa arrimaha bulshadu qariso. Sidaa awgeed, waa ay la aammusaan dareenkooda. Waaliddiinta Soomaalida ah waxaa ka maqan waxqabad tixgelin dhaqameed leh oo u adeega, wax bara, oo caawiya iyaga oo aan lagu xugmin dhibaatooyinka haysta ee dhaawacyada qarsoon sababeen, xanuun dhimir, waxbarasho la'aan, iyo anfariirka dhaqameed ee ay dalka cusub ka qaadeen! Waxa aan ka maqlay waaliddiinta Soomaalida ah dhacdooyin aragaggax leh oo badan, kuwaa oo khalkhal geliyay, baqdin ay ka qabaan in ilmahoodu ay u gacangelayaan hay'adda badbaadada carruurta! Iskuul ayaan dhawr sano ka shaqaynayay waxaana igu dhacday aamminid la'aan ku aaddan nadaamka badbaadada dhallaanka iyo hawlwadeennada adeegga daryeelka bulshada, sababta oo ah waxay ka oohiyeen deriskayga iyo saaxiibbaday!

Intii aanku guda jiray waxbarashada korriimada carruurta, waxaan bartay in ay jiraan habab ay waaliddiintu raacaan inta aan carruurtooda looga qaadin xadgudub iyo dayacid dartood. Mid ka mid ahi waa waxbarasho iyo xog waaliddiinta la siiyo. Waxaan is iri oo waaba heer sare e maxaan habkan la raaco uga maqli waayay saaxiibbaday? Haddaba, fahmidda nadaamka waxbarashadu u shaqeeyo aad ayay muhiim ugu tahay waaliddiinta Soomaalida ah.

Nadaam Caawinaadeed

La'aanta nadaam caawimaadeed waa mid ka mid ah caqabadaha haysta waaliddiinta Soomalida ee qurbaha. Waxaan la hadlay dhawr waalid oo Soomaali ah oo ka waraystay caqabadaha gaar ahaaneed ee ka haysta korinta ilmaha iyo farqiga u dhexeeya hadda iyo waayihii hore. Jawaabaha aan ka helay waxay ku dul wareegayeen la'aanta nadaam caawimaadeed oo sugan iyo fahan la'aan ka haysataa nadaamka waxbarasho ee cusub, taa oo ay ugu wacanyhiin arrimo ku kalsoonida nadaamka la xiriira iyo aqoon la'aan afeed. Mid ka mid ah waaliddiintaa, Nasro Nuur, oo dalkan ku noolayd muddo 15 sannadood ah ayaa ii

sheegtay innoloshu adagtahay halkan marka aad ilme ku korinayso. "Waxaan ku khasbanaaday in aan ilmahayga uga tago xannaaneyso ii haysa oo aan iskuul iyo shaqo aan dhammaad lahayn ka dhexeeyo uun. Gaar ahaan, marka aad ka fekerayso reerahaagii oo Afrika jooga waxaad gelinaysaa waqtigii aad ilmhaaga la joogi lahayd."

Sidii aynnu soo tilmaannay, markii Soomaaliya la joogay ilmakorintu dadka oo dhan ayay ka dhexaysay. Ehelada qoyska ee ballaaran ayaa buuxin jirtay doorka caawimaadeed ee qoyska isu haysa. Halkan (qurbaha) waxa aynnu aragnaa hooyooyin keligood carruur korinaya oo aan hore waligoodba keligood qaban hawlaha iskuulka, hoy raadinta, iyo arrimaha daryeelka caafimaad. Aqoonta afku waa caqabad kale oo wayn oo waaliddiintaa qurbaha ka haysata. Tusaale ahaan, marka hooyooyinku doonayaan in ay isbitaalka aadaan, waxay u baahanyihiin qof ilmaha u sii haya. Marka ay isbitaalka tagaan ma sheegan karaan wax kasta oo ay dareemayaan, sababta oo ah in ay dhici karto in tarjumaanku nin yahay. Sidaa awgeed, waxay ka soo laabtaan isbitaalka iyaga oo aan ujeedkii ay u yimaadeen gaarin. Taageero la'aanta bulsheed waxay iyaduna ka muuqataa nolosha waaliddiinta Soomaalida qurbaha.

Fahanka Isbeddelka Socda

Waxa aad is oran kartaa maxaynnu uga baahannahay barashada ilmakorin innaga oo horaba hawsha ilmakorinta ugu soo jirnay? Waa ay dhacdaa in isla tabtii hooyadaa kuu soo korisay aad haysato, illeen waa aad u fiirsan jirtay oo ka barataye aadna doonayso in isla sidii uun ku taagnaato. Hase ahaatee, hadda waxaynnu joognaa waa' kale oo ka duwan waagii aad koraysay. Xataa marka jaamacadda la dhiganayo, haddii aad qaadato isla maaddaadii cilmiga bulshada ee hooyadaa dhigan jirtay toban sannadood ka hor, waxay u badantahay in jaamacaddu hadda adeegsanayso buugag ka duwn kuwii hore, illeen aqoontu waa ay kobcaysaa oo sannad kasta waa la sii casriyaynayaa e. Waxaa dhici karta in mabaadii'da asaasiga ahi qaarkood sidoodii sii ahaadaan, waxaase suuragal ah in noocyo badan oo cilmibiraarisyo ahaa aanay hadda shaqaynayn oo fikrado aqoono dhaqameed oo cusub ay soo baxeen. sidaa darteed, haddii aad doonayso in aad fasalkaa cilmiga bulshada ah ku baasto, waxaad u baahantahay buugag cusub oo aad ka dhigato. Haddaba, ka soo qaad in aynnu u shaqaynno shirkad aan doonayn in ay la jaanqaaddo baahiyaha bulshada ee markaa taagan. Shirkaddu waxaa dhacda in ay ku shaqayso fikaradaheedii hore, shaqaale fikaradahaa hore la tageersanina ay ka sii shaqeeyaan. Hase yeeshee, shirkadaha doonayaa in ay kobcaan oo sii jiraan waxay la yimaadaan habab cusub oo ay isu waafajiyaan horumarin xirafdeed tayo sare leh iyo tababbar joogto ah, iyo sidoo kale waxqabadyo ka caawiya in ay noqdaan dad waxsoosaar leh oo fayow. Innaga waaliddinta ahina waa in aynnu isla sidaa yeelnaa (isu horumarinnaa).

1991 ayuu dagaal sokeeye ka qarxay Soomaliya, aaladda internetkuna qorshahaba noogu ma jirin, iska daa baraha bulshada ee aynnu maanta adeegsanno e! Carruurtayadu hadda waxay ku dhex korayaa bulsho isbeddel degdeg leh oo xagga teknnolajiyada ahi ku socdo, sidaa awgeedna iskuullada iyo goobaha shaqaduba sidii ay ahaan jireen ma aha. Waxa aynnu badanaa u haysannaa in baraha warbaahinta bulshadu ay dhibaatada maanta na haysata sababaan. Inta aynnaan ka hadal horumarka teknoolijay- eed ee hadda xawlliga ku socda, waa in aynnu ogaannaa halkii ay qaar ka mid ah baraha warbaahinta bulsheed ee ugu caansani ka so bilowdeen (Shah 2016):

- Facebook waxaa la daahfuray 2004.
- YouTube waxa uu bilowday 2005.
- Twitter waxaa shaaca laga qaaday 2006.
- Instagram waxaa la bilaabay 2010.
- Snapchat waxa uu hawada soo galay 2011.

Sidaa awgeed, isbeddelka teknoolojiyadeed waa lama- huraan, Snapchanta meel kasta oo dunida carruuri ku nooshahay waa ay adeegsadaan.

Haddaba, inta aynnaan oran carruurta dalka Maraykanu mar kasta waxay ku jiraan Snapchat iyo Facebook, innaga oo u qabna in marka ay Soomaaliya tagaan aanay adeeg- sanayn, aynnu horta tixgelinta ku darno sida baraha bul- shadu ay nololshaada u la falgaleen. Wax kastaa samaan iyo xumaan waa ay leeyihiin, in maanka lagu hayo wanaagga adeegsiga baraha bulshadu uu leeyahayna waxay naga fududayn kartaa werwerka naga haya. Adeegsiga internetku carruurteenna siyaabo badan ayuu faa'do ugu leeyahay. Shaqa-gurigooda iskuulka ayay kaga shaqaysan karaan, marka ay caawin u baahdaanna waa ay ka heli karaan. Adigu, waalid ahaan, waxa aad ilmahaaga ka caawin kartaa abaabulidda kooxo ay wax is la akhristaan oo ay inta waqtiyo go'an wada xiriiraan shaqada iskuulka looga soo diro ka wada shaqaystaan, haddii wax ku adkaadaanna waxaad ku duwi kartaa muuqaallo YouTube ay ka daawadaan ama app, haddii aadan adigu garanayn jawaabaha. "Xiriirka internetku waxa kale oo uu faa'iido u leeyahay nolosha qoys ahaaneed. Tusaale ahaan, waa ay fududaanaysaa in ehelada ballaaran ee qoysku wada xiriiraan" (Heitner9, 9). U oggolow in ilmahaagu ay internetka kala xiriiraan ehelka iyo qaraabada. Maxaa ka wanaagsan in ayeydaa oo dal fog ku nool ay sheekaxariir kaaga sheekayso ama aad cashar dhaqanka ku saabsan ka qaadato bare meel kale ku nool!

Haddana, aynnu eegno laba ka mid ah barahaa bulshada ee la soo xusay iyo sida dadku u adeegsadaan. Snapchat waxaa aad u adeegsada ciyaalka dugsiyada dhexe iyo sare dhigta. Waa app warbaahin bulsheed oo kuu oggolaanaaya in aad dadka kala sheekaysato, farriimo u qorto, sawirro iyo fiidiyowyo degdeg ahna aad uga dirto. Mar kasta oo ay saaxiibbadu farriimo (snaps) isu diraan waxaa kordha "streak"-gooda. Waxaa dhacda in aad maqasho tobaneeyajirro hooyadood ku leh "I want to do my streak" marka taleefanka laga xeraynayo. Waxaa iyaduna dhici karta in aragto emoji holac ah iyo lambar ku ag qoran saaxiibbada qofka ugu jira. Lambarradu waxay tilmaamayaan inta maalmood ee ay xiriirayeen, emojiguna waxa uu tilmaamayaa in saaxiibbadu ay 24 saacadood gudahood 2 snap isu direen. Sidaa awgeed, "straek"-yadu waa muhiim. Ugu dambayn, xogo ayaad qof ku la wadaagi kartaa snachat, 24 saacadood gudahoodna waa ay masaxmayaan. Dhanka kale, Facebook waa app ay u badanyihiin dadka waawayn iyo dhallinyarada (tobaneeyajirrada) qaarkood. Waxa uu kuu oggolaanaya in aad fiidiyowyo ku wadaagtaan, bogag ka furato, waxa xogo aad doonaysana adduunka la wadaagto. Facebook wuxuu adeegsadaa appka messenger in aad si gaar ah farriimo isugu qortaan saaxiibbo. Dadka shirkadaha iy hay'adaha ka shaqeeyaa Facebook waxay u adeegsadaan in ay kulammada ku qabanqaabsadaan oo dadka ku cusumaan in ay ka soo qaybgalaan

Fursadaha baraha bulshadu leeyihiin la ma soo koobi karo. Waalid ahaan, waa aad kala ogaan kartaa faa'iidoyinka iyo khasaarooyinka ay leeyihiin, si aad u ogaato waxa ka dhex socda oo marka wax khaldamaan aad u soo farageliso. Mar kasta oo aad u baahato ayaad fiidiyowyo gaagaaban oo mawduucyo aad doonayso in aad degdeg u fahanto ka hadlaya ka la soo degi kartaa YouTube. Haddii aad doonayso in aad si qoto dheer mawduuc u sii barato, koox waaliddiin ah isku urursada oo maktabadda xaafaddiina, waaxda waxbarashada, ama xarunta ururka bulshada ka dalbada cashar afkiinna hooyo la idin ku siiyo.

Arrin kale oo aan doonayo in aan u soo jeediyo waaliddiinta waa in ay bartaan sharciyada adeegsiga barasha bulshada. In aad ilmahaaga ka la hadasho halisaha kaga iman kara adeegsiga baraha bulshada ee internetka iyaduna waa muhiim, waxayna abuuraysaa kalsooni aad adiga iyo ilmahaagu isku qabtaan. Waxa aad ka bilaabi kartaa in aad kala hadasho sida raadgoobka internetku uu mustaqbalkooda shaqo u saamayn karo haddii ay waxyaabo aan habboonayn ku qoraan. Xataa in saaxiibbadood soo dhigi karaan waxyaalo iyaga ku saabsan ama ay sawirkooda ka been-abuuri karaan si ay sharafta uga dilaan. Ilmaha qaar ayaa is dila (naftooda dila), sababtoo ah cagajugleyn iyo handadaado ay internetka kala kulmeen. Tusaale ahaan, Minnesota waa ka dambi in sawirro aan habboonayn oo qof kale leeyahay aad dad kale la wadaagto oggolaansho la'aan. Waxaad kale oo la xiriiri kartaa saldhigga booliiska degaankaaga qaabbilsan oo aad wayddiisan karto talo ku aaddan xaalad xasaasi ah oo ilmahaaga ka haysata adeegsiga baraha bulshada ee internetka. Xusuusnow in maaddaama aannaan dhanka kale ee shaashadda kumbiyuutarka dad uga jeedin aanay taa macnaheedu ahayn in aanay ilmahayaga wax yeeli karayn. Waxaa jirta cawaandin iyo hanjabaado internetka iyo bannaankaba ka dhaca. Waxyaalo badan ayaa jira oo ay ilmahayagu internetka ku sameeyaan, waana xil innaga waalid ahaan ina ka saaran in aynnu ka caawinno sida ay ugu nabadgeli lahaayeen. Waxaa jira waxyaalo baraha bulshadu leeyihiin oo ay muhiim tahay in aynnu baranno, sida app-yada aamminka ah, kuwa waxbarashada u wanaagsan, iyo kuwa halista cawaandinta internteku ay ka iman karto. Haa oo sida nolosha caadiga ahba ay ilmuhu cawaandinta ugu nugulyihiin ayay marka ay internetka ku jiraanna ugu nugulyihiin, sidaa awgeedna u baahanyiyhiin caawinnaaddayada in aynnu nabadgelyadooda ilaalinno iyo in ay dacwad ka gudbiyaan falalka lagu la kaco ee ay ka cawdaan. Macallinka iskuulkaaga wayddii ama shaqaalaha maktabadda akhrisku in ay talooyin kaa siiyaan sidii aad adiga iyo carruurtaaduba arrimaha khaaska idiin ah uga ilaashan lahayndeen halisaha internetka. Innaga, waalid ahaan, ayaa ka masuul ah fayaqabka guud (jir iyo maskax) ee ilmahayaga. Waxaynnu u nahay u-doodayaal, barayaal, iyo horseedayaal.

Waa dhab in aynnu gacan caawino u baahannay sidii aynnu u gaari lahayn yoolkayaga ah korinta qof xilkas ah oo waxtar yeesha. Hase ahaatee, marka berri ka maalin ilmahaa wax ku dhacaan ee hay'adda badbaadada ilmuhu soo farageliso, innaga waalidka ah uun ayaa barooranaynna! Diinta Islaamku waxay qabtaa in innaga la ina kala xisaabtamayo haddii aynnu ilmaheenna si wanaagsan u korin waynno.

Waxa aynnu soo ogaannay in ilmakorintu ay tahay nadaam la raaco oo caqabadihiisa wata. Waxaa kale oo aynnu ogaannay in ilmakorintu ay tahay masuuliyad, waalid ahaanna innaga uun la ina kala xisaabtamayo haddii aynnu doorkayaga ilmakorineed ku guuldarraysanno. Waxaa inoo xiga oo aynnu wax ka ogaan doonnaa habraacyada waalid wanaagsan lagu noqon karo, maaddaama ilmuhu noloshooda da'o iyo heerar waxbarasho oo kala duwan maraan.

Fahmidda Noocyada Waaliddiinta kala Duwan

Waaliddiinta Soomaalida ahi waxay u baahanyihiin caawimo iyo adeegyo ay waxbarasho ka mid tahay, laakiin baahidooda ayaa xoogaa ka duwan tan baahiyaha waaliddiinta kale, iyada oo loo eegayo marka ay dalka yimaadeen iyo faca ay yihiin. Waxaan ogaaday saddex nooc oo waaliddiin ah; ka dib markii aan waqti la joogay, u kuurgalay, oo aan la macaamilay ruuxaygu. Waxay kala yihiin saddexdu: waalid ka daba tag iyo gaar uun mar kasta ku jira, waalid aanka qasnayn oo ay isugu toosantahay, iyo waalid jahawareersan. Haddii si kale loo dhigo, qoysaska qaarkood waa ay jawareersanyihiin, qaarkood waa iska caadi, qaarkoodna la qabsi iyo gaar wixii ku dhaafay ayay ku hawllanyihiin. Waaliddiinta ilmakorinta ku jahawareersan waa kuwii waa hore dalka yimid ee ilmaha ku dhalay. Waaliddiintaa waxaa isu celiyay oo isku dhacay dhaqankii iyo caadooyinkoodii hore iyo dhaqanka dalka cusub ee ay degeen. Waxay isku dayaan in ilmahooda wax u baraan isla sidii iyaga waalidkood wax u bari jiray. Waaliddiintaa ilmahooda marka wax la barayo, gacanqabasho dheeraad ah iyo dhiirrigelin ayay u baahanyihiin. Waaliddiintu waa in ay shaqaguriga iskuulka xusuusiyaan, gaar ahaan marka ay da'da tobaneeyada ku jiraan. Waaliddiinta ilmakorinta ku wareersan ee qurbuhu waxay u baahanyihiin caawinaad iyo adeegyo badan oo ka kaalmeeya in ay fahmaan nadaamka oo kaga soo kobtaan arammidii ay kala yimaadeen dalkoodii dagaalladu halakeeyeen.

Waaliddiinta aanay ka qasnayni waa kuwa faca labaad (dalka ku dhashay ama ku koray). Waaliddiintaa dhallinyarada ahi waa ilmihii waaliddiintii jahawareeray dhaleen ee dhibka ku bartay in nolosha dalkani ay ka duwantahay dhaqankii waaliddiintood. Waaliddiintaa dhallinyarada ah waa ay isugu toosantahay noloshu, waxayna isku dayaan in ay ilmahooda u helaan waxbarashada ugu tayo sarreysa ee ay heli karaan. Waxay ogaadeen qiimaha waxbarashada, waxbarasho heer jaamacadeedna waa ay leeyihiin. Waaliddiinta cusub ee facaasi xasilloon ka mid ah ayaa badanaa kaga aqbalid dhow waxbarashada ilmakorinta lagu barto waaliddiinta jahawareersan iyo kuwa la qabsiga tiigsanaya.

Nooca waaliddiinta tiigsadayaasha ah (ka gaar oo la qabso) waa kuwa dalka dhawaan soo galay, sida ay u badantahayna labadii ama saddexdii sano ee u dambeysay yimid. Qaarkood waxaa u joogaa ilmo tobaneeyajirro ah oo ka wayn in dugsiga sare ee caadiga ah la geeyo ama ay dugsi sare bilaabaan, kuwaa oo in ay qalinjebiyaani ay wax aan suuragelayn u dhawdahay, afka dalka lagaga hadlo oo dhib ku ah darteed. Badanaa ilmahaasi waxay qaataan waxbarashada dhammaystirka ah ama waxaa lagu qoraa dugsi sare oo ay sii dhigan karaan ilaa da'da 21 jir. Hooyooyinka ilmahani rejo fiican ayay ka qabaan degaankooda cusub, waxayna isku dayaan in ay u la qabsadaan nadaamka si kuwii dalka uga soo horreeyay ka dhakhse badan. Tobaneeyajirradan korrani badanaa waa ka han iyo dhiirranaan fiicanyihiin kuwa qoysaska aanay ka qasnayn ee waaliddiinta faca labaad ah dhaleen.

Ugu dambeyn, si ay ahaataba, saddexda nooc ee qoysaska ah hal wax oo ka dhexeeyaa ayaa jira, taa oo ah in ay helaan adeegyada ku habboon baahiyahooda ilmakorineed.

CUTUBKA LABAAD

Carruurnimada Hore: Waxba wax baa ka Horreeya

Waa hore ayuu wiil yari u dhashay hooyo Aamina la yiraahdo oo ku noolayd Jasiiradlamoodda Carabta. Caadada dadka sare ayaa beryahaa ahayd in ay carruurtooda u diraan hooyooyin u koriya oo miyiga magaalada ka baxsan ku nool. Hooyooyinkaasi laba sannadood ayay ilmahaa nuujinayaan. Hooyo Aamina waxay go'aansatay in ay canuggeeda miyiga u dirto, si uu "ugu soo xoogeysto oo u soo barto afka qumman ee Badwida" (Mubārakfūrī 1995, 72). In kasta oo Aamina saygeedii geeriyooday oo ay hooyo carmal keligeed ah ahayd, waxa ay ku dedaashay in ay qoys u koriya canugga u hesho ama daryeel carruurnimadiisa hore ah oo tayo leh. Hooyo Aamina waxay doonaysay in ay wiilkeeda magaalada ka fogeyso oo ay meel dadku af Carabi barax la'ku hadlayaan uu ku koro. Si ay ku dhacdayba, hooyadii korinaysay ayaa waxay codsatay in laba sannadood oo kale sii hayso wiilka yar. Wiilkii waxa uu hooyadii u soo laabtay markii uu afarjir ahaa, markii u lixjir gaarayna waxay u wadday in ay ehelki toleed isa soo bartaan. Markii ay ka soo laabatay ayay dhexda ku geeriyootay. Markaa ayuu awowgii laba sannadood sii koriyay. Labadaa sano intii lagu jiray, awowgii ayuu la socon jiray oo geyn jiray shirarka duqayda hortoodana ku ammaani jiray. Sheekooyin ayuu uga sheekayn jiray jacaylna waa uu u muujin jiray. Sidaa ayuu canuggii yaraa ku helay siddeed sannadood oo daryeel carruurnimo oo xilli hore la la gaaray iyo waxbarasho isugu jirta sheekooyin, ciyaar, iyo jacayl! Wiilkaasi waa Nabi Maxammad (naxariis iyo nabadgelyo korkiisa ha ahaatee).

Waa Maxay Faa'iidada Waxbarashada Carruurnimada Hore?

"Aqoon ay waalidku u yeeshaan heerarka koritaanka carruurtu waxa ay si wanaagsan u la xiriirtaa oo uga muuqataa macaamilka waalidka iyo carruurta dhex mara iyo sida ay ugu badantahay in waalidku uu ka qaybqaato falalka koritaanka fayow ee ilmaha sare u qaada" (National Academies of Sciences, Engineering, and Medicine 2016). Carruurnimada hore waa inta u dhexaysa dhalashada ilmaha ilaa siddeed jir. Hadba tayada daryeelka korineed ee uu ilmaha yari helo sannadaha hore ee xasaasiga ah ayay ku xirantahay in ilmahaagu waxbarashada sare ku fiicnaan doono iyo in uu u baahan doono diyaarin dheeraad ah. Marka ilmuhu yaraantooda hore ay ku dhex koraan waxbarasho tayo leh iyo carin maskaxeed oo heer sarreysa iyaga oo u diyaarsan ayay iskuulka caadiga ah bilaabaan. U diyaargarowgaasi waxa uu aad muhiim ugu yahay in ilmuhu wax akhrin karaan marka ay gaaraan fasalka saddexaad oo ah halka ay waxbarashada carruurnimada hore ku egtahay. Marka ilmaha fasalkaa gaaraa ay wax akhrin karaan, guushiisa waxbarashada sare (dugsiga sare ka dib) waa ay sugantahay.

1970-meeyadii ayay koox cilmibaarayaal ahi cilmibaaris celcelis ah ku sameeyeen aayaha dambe ee daryeelka iyo waxbarbaridda tayaysan ee carruurnimada hore u leeyahay ilmaha. Cilmibaarista waxaa lagu magacaabaa The Abecedarian Project waxaana lagu bilaabay 111 carruur ah oo dhammaantood da'da lix toddobaad jiray. Ujeedka cilmibaaristu waxay ahayd in la ogaado xiriirka ka dhexeeya waxbarashada carruurnimada hore iyo guul ka gaaridda waxbarashada sare, dugisga sare iyo ka dib. Carruurtii cilmibaarista lagu sameeyay "waxaa wanaagsanaaday koritaankooda maskaxeed iyo waxbarashadooda…., waxaa iyaguna wanaagsanaaday caafimaadkooda iyo habdhaqannadooda caafimaad ahaaneed markii ay da'da 21 jirsadeen" (Muennig et al., 2011).

Cilmibaaristani waxay muujinaysaa in waxbarashada tayada leh ee carruurnimada hore ay ka faa'iidooyin badantahay waxbarashada dugsiyeed ee dambe. Cilmibaarayaashu waxay sameeyeen xarun u gaar ah oo lagu derso horumarka koritaan ee carruurta inta u dhexaysa da'da 6 toddobaad ilaa 5 sano, carruurtaa oo loo diyaariyay degaanka iyo jawiga ugu tayada sarreeya ee la heli karay markaa. Markii ay carruurrtii iskuullo bilaabeen, waxaa laga qaaday tijaabooyin kale oo lagu waday ilaa ay da'da 21 jirsadeen. Caruurtaa derejada waxbarashadooda iskuulku is ma dhimi jirin, waxbarashada sare iyo noloshoodana waa ay ku wanaagsaadeen. Sida aynnu cilmibaaristan ka ogaan karno, waxbarashada carruurnimada hore ee tayada leh ilmuhu waa u aayaa mustaqbalka dambe, waana la lagu wada faa'iidaa. Waaliddiintu waa qanacsanyihiin, carruurtu waxay helayaan waxbarasho iyo daryeel tayo leh, dawayn iyo barnaamijyo wax ka qabasho loo ma baahna. Waxaa u sii dheer, dabeecado saaqidnimo lagu arki maayo, taa oo macnaheedu yahay ma jirayso dhallinyaro xabsiyada la geeyo.

Aqoon in aad u yeelato xulashada daryeel tayo leh iyo xarumo barbaarin wanaagsan leh ayuu ilmahaagu u baahanyahay. Maskaxda ilmahaagu si degdeg ah ayay u koraysaa shanta sano ee noloshooda u horreysa, jir ahaanna sidaa oo kale ayay ugu korayaan. Inta xilligaa lagu jiro, waa muhiim in aynnu waalid ahaan, daryeelayaal, iyo barayaalba aynnu u dhugyeelanno in aynnu daryeelaka iyo waxbarashada ugu wanaagsan ee ugu tayada sarreysa siinno carruurtu inta ay yaryihiin. Inta shantaa sano lagu jiro, waa lagamamaarmaan in laga taxaddaro nashaadyo dhawr ah oo caawiya korintaanka afbarashada iyo waxbarashada (akhriska iyo qoraalka), maxkaxda (fahanka) iyo jir ahaaneed oo ilmaha yar, siiba labada sano ee u horreysa oo ay helaan sheekayn iyo cayaarid.

Labada Sano ee Nolosha Ilmaha u Horreeya
(Dhalashada Horteed iyo Naasnuujinta)

Xannaanada hore ee ilmuhu waxay bilaabataa marka hooyadu uur yeelato, sida aad ogtahayna, Islaamku wuxuu jideeyay in hooyada iyo ilmaha uurka ku jira labadaba la daryeelo. Marka hooyadu uur leedahay waa in ay cunno nafaqo leh oo isu dheellitiran cuntaa oo qaadataa fitammiinadeeda uurka loo cuno, si ilmaha uurka ku jiraa u helo korriimada ugu wanaagsan. Fahan la'aan ka jirta sida habka caafimaadku u shaqeeyo iyo caadooyinka dhaqameed dartood, daryeelka hooyada uurka leh ee dumarka Soomaalida ahi waa uu liitaa.

Hooyooyinka Soomaalidu waxay iska ilaaliyaan in ay dhakhtarka la kulmaan dhawrka toddobaad ee uurka ugu horreeya, iyaga oo u haysta in aanay muhiim u ahayn. Bulshada hooyadu waxba u ma arkan arrintan, xataa haddii hooyadu aanay cunno cunayn, tan ugu daranina waa iyada oo inta kici wayda sarriir ku ururta. Waxaa timaadda in hooyada wareerku ka bato nafaqa darro ama fuuqbax dartood oo ay markaa qaybta fayadhawrka degdegga ah wacato ama tagto Daryeelka Degdegga ah. Waxaa xiga in ay fuuqcelin uun hesho oo marka dhahtarku ogaado in ay uur leedahay oo uu fitamiinnada uurka u qoro. Dabadeed ayay hooyadu guriga aaddaa, fitamiinnadii qashinka ku dartaa, marka xigta ee ay u tagtana u sheegtaa dhakhtarka in wax kastaa wanaagsanyihiin fitamiinnadiina ay qaadato! Waxaan xusuustaa in aan qaar saaxibbaday ka mid ah wayddiiyay, "Maxaad fitamiinnada u tuurtaan, adiga iyo ilmaha uurka ku jiraba waa ay idiin roonyihiine?" Waxay iigu jawaabeen, "Waa wax digirta lale'eg, waana ku sii xanuunsadaa." Carruurta Soomaalida badankoodu naasnuujin ku filan ma ay helin, uur kale ama caana yari mashquul waxbarasho ama shaqo keeneen darteed. Hooyooyinka shaqeeya iyagana waxaa lagu dhiirrigeliyaa in ay sii wadaan nuujinta ilmahooda yar haddii ay doonaan. Xuquuqdooda ayay ka mid tahay waxayna ka la hadli karaan madaxda shaqadooda. Waxa aynnu heli karnaa qalab lagu kaydiyo caanaha hooyada, xataa haddii ilmuhu kaa fogyahay. Haddii ay iskuul dhigato, xilliyada nasashada ayay u lisi kartaa, si aanay irmaanaantu u kala go'in oo gurin.

Dumarka Soomaalidu daryeelkooda qof ahaaneed muhimmad ma siiyaan, taasina waxay u keentay dhibaatooyin caafimaad oo badan oo uu depression ka mid yahay. Ugu horreyn, hooyadu ma hesho daryeel wanaagsan marka ay uurka leedahay; laba, marka ay ummusho ma laha qorshe ay ilmaha ku kala fogeyso, si ay u hesho soo-kabashada caafimaad daryeel oo habboon oo ilmuhu helo. Lix usbuuc ka dib marka ay hooyadu ummusho, dhakhtarku wuxuu bilaabaa ka hadlidda xakamaynta dhalmada hooyaduna waxay ka gaabsataa in si kalsooni leh u hadasho, markaa ayay dhakhtarka u sheegtaa in mar kale soo laabanayso oo go'aankeeda sheegi doonto. Dhaqan ahaan, xakamaynta dhalmada waxaa loo arka fikir qalaad waana la diidaa. Sidaa awgeed, hooyadu uur kale ayay qaadaysaa laba bilood gudahood, markaa ayay haddaba xanuunsanaysaa. Sidaa ayuu ku soconayaa xaalkeedu!

Dadku waxay u qabaan in xakamaynta ilmuhu ay tahay hab qoyska ilmaha looga yaraynayo. Dhab ahaan, xilligii Nabi Maxammad (nnk) dadku waxay adeegsan jireen qalab dhaqameed dhalmada lagu xakameeyo, waxna ka ma uu oran. Farqiqa waagaa iyo hadda u dhexeeyaa waa in aynnu hadda heli karno habab badan oo casri ah oo aynnu kala dooran karno. Haddii hooyooyinku helaan daryeel wanaagsan marka ay uurka leeyihiin oo ay ilmahooda nuujiyaan labada sano ee lagu taliyay, xakamaynta ilmaha waa ay joojin karaan, marka ilmaha kale dhashana kii hore waxa uu jiraa ku dhawaad saddex sano! Labada sano ee hore, carruurtu waxay kale oo xiriir adag la yeeshaan waalidkood iyo dadka xannaanneeya.

Waxay kale oo xilligaa u nugulyihiin cudduro. Sidaa awgeed, Diinta Islaamku waxay aad u boorrisay nuujinta ilmaha marka ay da'daa jiraan, si xiriirkaasi u guuleysto. Alle waxa uu Qur'aanka ina ku leeyahay: "Waaliddaadka (Hooyooyinka) waxey nuujin caruurtooda labo sano oo dhameystiran cidii doonta iney taamyeesho nuuggida" (Qur'an 2:233).

Xiriirkaasi waa waxa u oggolaanaya in carruurtu marka dambe ku kalsoonaadaan (aamminaan) dadka waawayn. Taa waxaa dheer, nuujintu waxay ilmaha yari ka helaan nafaqada ku habboon ee ugu baahanyihiin in ay yeeshaan difaac ka caawiya iska caabbinta cudduradda. Sidaa daraaddeed, naasnuujinta labada sano ee hore aad ayaa loogu taliyaa.

Marka daryeelka laga hadlayo, Islaamku wuxuu isku xiraa sanadaha ee carruurnimo iyo da'da dambe ee waayeelnimo. Qodobkani waa u muhiim fahmidda dhaqanka Soomaalida iyo sida ay ilmakorinta u hasytaan. Alle waxa uu Qur'aanka inoo ku sheegayaa: "Dadka waxaan u dardaarannay labadiisa waalid inuu u wanaag falo, Hooyadiis uurkay ku sidday iyadoo dhibban wayna dhashay iyadoo dhiban, uurkiisa iyo gudhintiisuna waa sodon bilood..." (Qur'an 46:15). Ilmaha dhiciska ahi waxa uu u baahanyahay naasnuujin ka badan ilmaha dhammayska ah. Aayaddani waxay sheegaysa waqtiga uurqaadka iyo nuujinta oo soddon bilood isku ah. Tusaale ahaan, haddii ilmuhu toddoba bilood ku dhasho, lix ayaynnu soddonkii bilood ka jaraynnaa, taa oo noqonaysa muddo 24 bilood ah. Uurqaadku waa inta ilmuhu ilmagaleenka hooyada ku korayaan. Haddii ilmuhu toddoba biloodku dhasho waa dhicis, marka uu sagaal biloodku dhashana waa dhammays. Nafaqayntu waxay bilaabataa marka hooyadu ilmaha naaska ka goyso. In kasta oo caanaha naaska hooyadu ay sidooda naqafo buuxda ku yihiin, waxaa jira xilli la joojiyo. Guud ahaan, uurqaadka iyo nafaqayntu laba sano ka ma bataan.

"The American Academy of Pediatrics waxay xoojinaysa taladeeda ah in ilmaha ilaa lix biloodnaaska keli ah la nuujiyo, dabadeedna loo sii wado naasnuujinta, markaa oo cunno lagu bilaabayo ilaa sannad kale ama ka badan" (The American Academy of Pediatrics 2012). Sida aynnu arki karno, Qur'aanka iyo cilmibaaristu isma khilaafsana marka laga hadlayo talooyinka naasnuujinta iyo faa'iidooyinkeeda. Naasnuujintu waxay abuurtaa xiriir kalgacal adag, waxayna kale oo ay "siisaa ilmaha nafaqada muhiimka ah … difaac ka caabbiya cuddurrda carruurta ku dhaca iyo adkaysi wanaagsan oo oo uu ilmuhu yeesho sannadka hore" (What are the Benefits of Breastfeeding?).

Jirka qaawan ee ilmaha iyo kan hooyada ee tooska isu taabta waxa uu ilmaha u leeyahay faa'iidooyin nafsadeed aan la soo koobi karin, gaar ahaan ilmaha dhiciska ah. Caanaha hooyadu waxay u dhigmaan sida talaalka cudurrda difaaca waxayna kor u qaadaan difaaca jirka, taa oo ilmaha noloshiisa dambe anfacda. Wax ka taridda nolosha dambe iyo difaaca jirka oo adkaada ka sokow, inta naaska hooyadu irmaanyahay hadba waa ay is beddelaan (caanuhu), si ay u daboolaan baahida nafaqo ee ilmaha jirkiisu u baahanyahay. Tusaale ahaan, waxa aad ogaanaysaa in maalmaha hore caanaha hooyada midabkoodu hurdi (jaalle) yahay. Caanahaa hurdiga ah

Waxaa jira waxyaalo badan oo carruurtu bartaan xilligan xasaasiga ah, mana jiro waalid doonaya in uu gefo daqiiqadahaa dahabiga ah!

Xilliyo Xasaasi ah

Xilliyada xasaasiga ahi waa sida fursado dahabi ah oo carruurta soo mara. Waaliddiin iyo daryeelayaal ahaan, waa innaga kuwa albaabbada fursadaha u furi kara ilmaha. "Koritaanka habdhiska codadka hadlidda (af barashada) waxa uu u muuqdaa in uu xilliyo go'an ku xiranyahay, taa oo laga qaatay fikradda xilliyada xasaasiga ah ee af barashada (luqada)" (Norrman and Bylund 2016). Carruurtu iyaga aanay xataa erayna oran karin ayay kartidooda hadalbarashadu soo baxdaa. Fahmidda codadka erayada iyo si qumman u dhehiddoodu waxay ku xirantahay xilliga xasaasiga ah. Inta xilliyadaa xasaasiga ah lagu jiro, waa muhiim in carruurtu ay dhiiriigelin helaan. Boqolkiiba shan iyo siddeetan (85%) maskaxdu waxa ay kortaa da'da shan jir ka hor. Sidaa awgeed, iskuxirka maskax ahaaneed ee ay yeeshaan sannadahaa hore waa muhiim. Haddaba, haddii aanay ilmaha ka ag dhawayn wax ku boorriya, ma awoodayaan in ay iskuxirkaa si fudud u helaan marka ay waynaadaan. Carruurtaada sheekooyin u akhri, la hadal ilmuhu marka ay lix bilood gaaraanba, si aadan u gefin xilligaa muhiimka ah ee afbarashada. Muddada xasaasiga ahi waa ogaanshaha waxa ilmaha yari u baahnyahay iyo goorta ku habboon ee uu u baahanyahay. Ku bilaabbiddaa hore waa u muhiim ilmaha yar, waxayna ka caawisaa waxbarashada dugisga sare, jaamacadda, iyo ka dibba in ay waxbarashada iyo nolosha ku wanaagsanaadaan.

"Biyo gacmahaagaa looga dhergaa." Xigmadda maahmaahdaan ka dambeysaa waa in aad u dhaqaaqdaa oo barataa waxa aad doonayso in aad ogaato inta aad qof kale ka dhawri lahayd in uu kuu qabto. Waxaad aqoontaada ku kordhin kartaa in aad qaadato casharada ama xaadirto xalaqadaha lagu barto ilmakorinta. Aqoonta qofna ku ma dhasho ee waa la bartaa. Ka bilow in aad laba wax si dhab u ogaato inta aad qorshahaaga waxbarasho samaysanayso:

Kow, waqti geli oo fahan habka Early Childhood Indicators of Progress (https://education.mn.gov/MDE/dse/early/ind/). Talabixinnaha halkaa ku jiraa waa qodobbo muhiim ah oo kaa caawinaya fahmidda heerarka koritaan ee carruurtu maraan. U eeg da'da ilmahaaga oo qayb kasta boggaga khuseeya akhri. Ka faa'iidayso barnaamijyada booqashada guryaha (adeegga bulshada) ee ka jira aaggaaga oo wayddiiso wacyigeliyaasha waxbarashada carruurnimada hore ee kuu yimaada su'aal kasta ee aad qabto oo ku saabsan koritaanka ilmahaaga. Websiteka Help Me Grow isagana waxaad ka helaysaa xogo muhiim ah. Waxaan ku talinayaa in aad eegto bogga internetka ee Minnesota Department of Education (MDE), halkaa oo aad ka helayso xogo ku anfacaya oo ku saabsan waxbarashada carruurnimada hore iyo dhawr tilmaamood oo muujiya sida koritaanka ilmuhu u socdo.

Waxaa ku jira dukumiintiyo loo tarjumay af Soomaali, Isbaanish, Moonge, iyo afaf kale. Dukumiintiyadu waxay waaliddiinta ka caawinayaan fahmidda waxa aynnu doonaynno muddadaa ilmuhu u dhexeeyaan da'da dhalashada ilaa saddex jir (0-3) iyo saddex ilaa shan jir (3-5). Heerarka koritaanka badankoodu waa ay ku yaallaan, inta sannadaha hore lagu jirana muhiim ma aha in heer koritaan uun e waa in ilmaha qof ahaantiisa oo dhan isha lagu hayaa. Halbeegyadaas waxaa loo sameeyay si waalliddiinta iyo macallimiinta Minnesota ay ku ogaan karaan dibudhac kasta oo koritaanka la xiriira, iyada oo is la markaana carruurtaada loogu diyaariyo in ay noqdaan kuwo ku guuleysta waxbarashada aan dhammaan ee mustabalka nololeedka dambe. Laba, la soco baaqyada (ishaarooyinka) Waalidow Ogow ee ku dhigan derbiyada iyo wbsiteyada xarunta xannaannada carruurta ee aad ilmahaaga geynayso. Tani waa markhaatiga koowaad ee sheegaya in xaruntaasi ay sida ugu wanaagsan u shaqaynayso. Xataa waxaad wayddiin karta manhajka ay ku shaqeeyaan, meesha oo dhanna isha mari oo eeg sida ay waaliddiinta u soo dhaweeyaan. Xog dheeraad ah waxaa laga heli karaa websiteka Parent Aware (http://parentaware.org/).

Aqoontani waxay kaa caawin doontaa in aad xilkaaga ilmakorineed si wanaagsan u gudato adiga oo aan walwaalin. Marka aad shaqaynayso, shahaadada aad doonto hayso e waxaad u baahanaysaa tababbar aasaasi ah oo lagaa siiyo halka aad ka shaqaynayso, waxaa iyaguna jiraya siminnaaro aad qaadanayso. Sababta ugu wayni waa in ay naga caawiyaan shaqadayada oo aynnu hadba halka wax marayaan u la soconno. Ilmakorintu waa sidaa oo kale oo waxa aad u baahantahay tababbarro (waxbarasho) joogto ah. Qorshayso oo xusuusiyaha ku qoro in aad bishiiba tababbar ama waxbarasho iskaa ah tagto, hadba sida kuu roon, hana illoobin in marka wax khaldamaan mar kasta la tashato dadka aad xiriirka leedihiin.

Sannadkii 2013, Matthew Santori iyo Maureen Wagner, laba arday ka tirsan Jaamacadda Minnesota, ayaa baaray caqabadaha iyo fursadaha la xiriira koritaanka hore ee carruurta xaafadda Cedar-Riverside (2013). Kulan ay la yeesheen waaliddiinta xaafadda deggenaa, cilmibaarayaashu waxay wayddiiyeen su'aalo habdhaqannada carruur xannaanaynta ku saabsan. Waxaan ka mid ahaa waaliddiintii u ololeynayay barnaamijyo tayo leh oo loo sameeyo koritaanka carruurnimada. Waxaan adeegsan jiray xannaanada qoyska, saaxiibbada, iyo deriska, family, friend, and neighbor (FFN), sidaa awgeed ayuu kulankaasi mid aan ku baraarugay iigu noqday. Mid ka mid sababaha ugu waawayn ee waaliddiintu ay badanaa qof ay yaqaannaan u raadiyaan waa iyaga oo aan lahayn nadaam caawinaadeed oo ay u baxsadaan iyo ehelkii ballaarnaa ee ay dalkoodii ku lahaayeen. Taa darteed, waxa aad ogaanaysaa in, "Waaliddiintu badanaa xiriir hoose [toos ah] ayay la yeeshaan daryeelayaasha carruurta, sidaa awgeedna ku aamminaan in ay daryeel tayo leh oo dhaqanka waafaqsan carruurtoodu ka helaan" (Early Childhood Development). Waalid ahaan, dhaqanku waa ii muhiim, waxaanse rumaysanahay in daryeelayaasha ilmaha ee xilliga carruurnimada hore ay iyaguna yaqaannaan sida carruurtu u koraan iyo korriimada heerarkeeda. Sida ka soo baxday Center on the Developing Child ee Jaamacadda Harvard, shan tallaabo ayaa loo maraa korinta maskaxeed ee ilmaha (Center on the Developing Child).

Ilmaha yari shantaa heer mari maayo haddii daryeelaha gacanta ku hayaa aanu ahayn qof wayn oo u soo jeeda dareenka ilmaha yar. Tallaabooyinkaasi waxa ku yimaadaan nadaamka ilmakorineed ee "serve and return" loo yaqaan oo aad ugu dhaw nooca ilmakorineed ee "authoritative" (waalidka awooddiisa waalidnimo ee qumman adeegsada). Muhiimaddu waa adiga; waalidka, daryeelaha (xannaanneeye), ahna wax baraha. Waa in aad falankeeda gashaa sidii aad u ogaan lahayd waxa ilmuhu xiisaynayo oo ku bogaadisaa adiga oo wax ka oranaya waxa xiisagelinaya ee ay maanka ku hayaan. Haddaba, ilmuhu markan waa hoggaamiye adiguna tasiilaad bixiye (fududeeye) ayaad tahay. Serve and return waa nadaam wax is dhaafsi oo aad ilmahaaga ku gacalkorinayso. Adeegsiga nadaamkani waxa uu leeyahay laba faa'iido: kow, waxa uu dhiirrigeliyaa koboc maskaxeed, sida ilmahaagu wax u baranayaa waa uu caawiyaa. Laba, waxa uu dhaliyaa ilmakorin togan (qumman), waalidkana waxa uu baraa nadaamka tallaabooyinka waxbaridda.

Tusaale ahaan, ilme yar ayaa legos (nooc alaab cayaareed ah oo la isku rarakibo) soo qaatay oo bilaabay in uu isku rakibo. Waalidku inta eego ayuu oranayaa, "Wow! Maxaad samaynaysaa?" Ilmaha ayaa ku jawaabaya, "Guri." Haddana waalidka ayaa oranaya, "Waa qurux! Qaybtaa buluugga ahi ma albaab ayay guriga u noqonaysaa?" Sheekaysigaa isdhaafsiga ah ayuu ilmuhu wax ku baranayaa, waalidkuna waxbarashadaa ilmaha yar ayuu garab taageero u noqonayaa. "Scaffolding" waa istiraatijiyad waxbarideed oo uu soo saaray Lev Vygotsky oo ah aqoonyahan cilminafsiga ku takhasusay. Waa hab ku faraya in aad barato waxa loo yaqaan zone of proximal development (ZPD) ee ilmahaaga, kaa oo ah masaafada u dhexaysa waxa ilmuhu iskood u samayn karaan markaa iyo heerka xiga ee ay uga gudbayaan ee si xirfad leh looga caawin karo jidka ay u mari lahaayeen. Sheekaysi iyo wadashqayn tayo heer sare ah leh oo dhex mara ilmaha iyo waalidka/daryeelaha waxaa ka dhasha xannaanayn/korin tayo leh.

Waalidku sidan ayay ilmahooda la samyn karaan, marka ay murjuca dhashay yihiin ilaa ay hadalka bartaan! Waa kuwan soo socda tallaabooyinka ka caawin kara waalidka sidii ay u hirgelin lahaayeen nadaamka "serve and return":

1. U fiirso farriinta (serve) ilmahaaga kaaga imanaysa oo xiisihiisa iyo waxa uu maanka ku hayo u dhug yeelo.

2. Uga jawaab farriinta (celi serve-ga) oo ah in aad taageerto oo dhiirrigeliso.

3. U magac bixi (is-dhaafsigiinna).

4. Isu talantaalliya (isu dhiidhiiba) oo iska suga. Isdhaafsigu ha socdo.

5. Bilow iyo dhammaad isla garta.

Tallaabo 1: U fiirso farriinta (serve) ilmahaaga kaaga imanaysa oo xiisihiisa iyo waxa uu maanka ku hayo u dhug yeelo

Ugu horreyn, waxaad u baahntahay in aad ogaato oo u dhugyeelato waxa ilmuhu samaynayo ama u muuqanaya. Waa "serve"-ga (farriinta). Waxaa waalidka laga doonayaa in uu sidii sirdoonka u hawlgalo mar kasta oo aanay dhaafin amminta ilmahoodu farriinta ficilka ama wadahadalka ah ka soo gudbinayo waxyaalaha xiisihiisa kiciya. Tusaale ahaan, waxaad oran kartaa, "Eeg SHIMBIRTA!", adigaa taa fursad waxbarasho uga dhigaya.

Tallaabo 2: Uga jawaab farriinta (celi serve-ga) taageerid iyo dhiirrigelin

Waa marka xilliga jawaabtaadu kobcinayso ee dareennadu is qabsanayaan! Ilmahaagu wuxuu kaa dhawrayaa in aad muujiso ku faraxsanaan (u bogid) la mid ah tan uu muujiyay markii uu shimbirta arkay. Waxa aad oran kartaa, "Wow! Shibmirtaasi aad ayay u duulaysaa!" Ku taageer oo ku dhiirrigeli in aad wayddiiso ilmahaaga in uu doonayo in uu arko shimbiro kale iyo in kale oo sawirro ka qaado ama aad qorsheysaan safar dalxiis oo aad seeraha (park) ku tagtaan.

Tallaabo 3: Magacow

Tallaabadani waxay ilmahaaga gelinaysaa kalsooni erayada uu ku hadli karana waa ay kordhinaysaa. "Shimbirtu waa shimbirdhabaq dhuun buluug ah leh."

Tallaabo 4: Talantaalliya (isu celceliya) oo iska suga. Isweydaarsigu ha socdo

Macaamilka dhabta ah ee adiga iyo ilmaha idin dhex marayaa hadda ayuu bilaabanayaa. Adiga doorkaagu waa in aad ilmaha tilmaantiisa raacdo oo aad xiisihiisa u jawaabto. Sii waqti uu wax ku fahmo adiga oo isla markaana toos u eegaya indhihiisa waji furanna u muujinaya. Addeegso xeeladda taageero wax ku baridda (scaffolding) marka loo baahdo, idinka oo is maqlaya oo cod sare fikradaha isku dhaafsanaya.

Tallaabo 5: Bilowga iyo dhammaanka is la garta

Halkaa ayuu ku dhammaanayaa nashaadka markaa laga shaqaynayo. Iyada oo loo eegayo xiisaha ilmaha, nashaad kale ayaad bilaabi kartaan ama halkaa ayaad ku joojin kartaan oo nasasho ka qaadan kartaan. Waa in aad adeegsataa uun erayada markaa ku habboon, si ay ilmuhu u ogaadaan waxa laga filayo. Waa aad ku garanaysaa marka ilmahaagu ka xiise dhaco nashaadka aad markaa samaynaysaan in uu daallanyahay oo nasiino u baahanyahay.

Adiga iyo ilmahaagu waxaad isla qaaddeen dhawr tallaabo oo kobcinaya maskaxda xiriirro isu dhawaanshana dhidibbada u mudaya. Xiriirradaasi waxay kale oo adkaynayaan ilmakorintaada qumman, iyaga oo isla markaana xoojinaya awoodda fahanka maxkaxeed ee ilmahaaga. Waxaan uga jeedaa, waa waqti lumis uun haddii qof aad isku dhaqan tihiin uu ilmaha yar la joogo oo waxa uu sameeyaa ay yihiin uun in uu ilmaha cunno siiyo, seexiyoo, ama ilmaha yar TV-ga hor fariisiyaan ilaa inta aad u soo noqonayso!

Maskaxda ilmaha yari heli mayso carin (wax koriya), maaddaama aanu qof wayni la falgelayn oo aanu xiriir dhow la lahayn dareenkiisa. Ogow oo boqolkiiba 85 korintaanka maskaxdu waxa uu dhacaa inta ilmuhu da'da shan jirka ka horreysa, haddii aanay isku xiriirini maskaxeed muddadaa dhiciinna maskaxdu xargaheeda dareen waa ay gaabsanaysaa.

John Piaget waxaa aad loogu yaqaan fikraddiisa cilmiyeed eek u saabsan horumarka garashada maskaxeed. Laba ka mid afarta heer ee koritaanka maskaxeed ee la kala yiraahdo sensorimotor iyo preoperational waxay dhacaan sannadaha ugu horreeya ee carruurnimada. Heerka kowaad wuxuu dhacaa laga bilaabo dhalashada ilmaha ilaa uu ka gaaro laba jir, heerka labaadna wuxuu dhacaa laba jirka ilaa toddoba jirka. Sida uu qabo Piaget, ilmaha yari waxay intaa wax ka baranayaan dunida ku xeeran. Tusaale ahaan, heerka labaad, "carruurtu waa annaani (toodaa la qumman mar kasta) ay ku adagtahay in ay aragtidooda uun ma aha ay dadka kale tooda tixgeliyaan" (Cherry 2015). Tusaale ahaan, xaq ma aha in aad carruurrtaada ilaa toddoba jirka ah haddii aadku tiraahddo alaabtaa lagu cayaaro ha taaban haddii kale waa lagu ciqaabayaa ama lagu garaacayaa, maxaa yeelay ilmahani maba fahmayo fikradaha cabbirkoodu dahsoonyahay. Ogow hadde, Xaddiisku wuxuu inoo sheegayaa in waxbaridda toddoba jir loogu bilaabo.

In waxbaridda carruurta toddoba jir loogu bilaabo ka ma dhigna in da'daa ka hor aanay lahayn maskax wax baran karta e kali ah waxa aanay awoodin in ay raacaan amarro hawleed (ama tilmaamo) laba ama saddex tallaabo oo kala duwan loo marayo. In carruurta laga qaybgeliyo barnaamijyo iyo nashaadyo sannadaha hore ee noloshooda waxay u sii diyaarinaysaa waxbarashada da'da toddoba jirka iyo ka dib. Sida maangalka ah, marka aynnu carruurteenna sannadaha hore ee noloshooda si qumman u sii carbinno, waxa aynnu u sheegaynno waa ay danaynayaan dhibaatooyinka debcixumaduna waa ay ka yaraanayaan.

Si ay ahaataba, haddii aynnu ku bilowno ciqaab iyo garaac sannadaha hore ee noloshooda, madax'adayg uun ayay ka qaadayaan mana qiimaynayaan qaayasoorrada bulsheed (anshaxa iyo dhaqanka qumman ee la la doonayo). Waxa ay qabanayaan baqdin in la garaaco ay ka qabaan uun ayay badanaa u qaban. Sidaa awgeed, garaacid wax faa'iido ah oo ugu jiraa ma jiraan, waxayna cabbudhinaysaa rabitaanka maskaxeed ee waxbarasho, wax-maqalka iyo in ay farxaan.

Waxtarrida Sheekasheegga iyo Dhaqan Soomaaliga

Dhaqanka Soomaalidu wuxuu ku salaysanyahay caado isgaarsiin afeed oo qoto dheer. Soomaaliya waxaa lagu magacaabaa "Qaranka Gabayaaga", sababtoo ah in ay Soomaalidu fikradaha ku wadaagaan oo isugu gudbiyaan gabayo, sheekooyin, iyo hadallo maskaxda laga xafidsanyahay. Mararka qaar, iyaga oo heesaya (heesa-hawleedyo) ayay hawlahooda qabsadaan oo dhibaatooyinkoda nololeed xallistaan. 1972 ka hor, Soomaaliya ma lahayn far af Soomaali qoraal rasmi ah leh. Sidaa awgeed, carruurtu dhegta ayay ka bartaan sheekooyin tiro badan oo ay uga sheekeeyaan xubnaha qoyskoodu. "Sheekoy sheeko, sheeka xariiro…" ayaa lagu bilaabaa, taa oo macne ahaan u dhiganta "Once upon a time" (Waa baa waxaa jiri jiray…) tilmaamaysana xilligii seekasheegidda in la joogo. Waxaan xusuustaa dhegaysiga sheekooyin ay waaliddiintay, eeddooyin/habaryaro, adeerro/abtiyaal, iyo ayeeyooyin iiga sheekayn jireen. Carruurta yar yari waxay wax ku bartaan sheekooyin badan iyo casharro anshaxeed. Sheekooyinka ugu caansan sheeko dhaqameedyada qoran ee Soomaalida waxaa ka mid ah Dhegdheer, Wiil Waal, Cigaal Shiidaad, iyo Qayb Libaax. Buugaggaa waxaa laga helaa Minnesota iyaga oo buug caadi ah iyo e-book labadaba. Waaliddow, carruurtaada yar yar waxaad uga sheekayn kartaa sheekooyin afkaaga hooyo aad ugu sheegayso su'aalana aad ka wayddiin karto. Dhib ma laha haddii aadan af Ingiriisiga aqoon. Dhab ahaan, cilmibaaris ayaa sheegaysa in carruurta afka kale taqaan ay waxbarashada iskuulka ku wanaagsanaadaan. Af bariddu waa in ilmaha yar yar la la hadlo, taa oo aad ugu habboon dhaqanka hooyooyinka Soomaalida! Haddii aad dhegaysato hooyo ilme yar seexinaysa, waxa aad maqlaysaa iyada oo hees carruureed tan ugu qurxoon u qaadaysa! Faa'iidooyinka sheekasheegidda waxaa ka mid ah in erayada ilmuhu yaqaan kordhaan, waxbaridda aqooneed iyo xirfadaha bulshanimo, hummaagga (khayaalka) ilmaha oo fida, iyo u fududaynta ilmuhu in uu fikrada si dhib yar ku fahmo.

Suuraysashada muuq ahaaneed iyo fahanka isxigga sida sheekadu u socoto waa laba ka mid ah xirfadaha aqoon-barasho oo ay ilmuhu ka helaan sheekasheegga. Awoodda ay u yeelanayaan ka sheekaynta wixii dhacay, goorta ay dhaceen, iyo qofka waxyaalo sheekada ku jira falay waa ifafaale xooggan oo muujinaya in ilmuhu bartay isku xijinta dhacdoodyinka. Xirfaddani waxay sii kobcinaysaa awoodaha fahmeed ee ilmuhu u baahanyahay marka uu isagu iski wax u akhrinayo. Haddii aad ilmahaaga maalin kasta wax u akhriso, waxaad soo saaraysa akhriste joogto ah oo wanaagsan. Sheekooyinka afka laga sheegaa waxay kale oo balaariyaan suuraysiga maskaxeed iyo erayo barashada ilmaha. Mar kasta oo aad ilmahaaga buug u akhriso, waxa ay baranayaan erayo cusub. Sheeka-xariirooyinka dhaqaameed iyo sheeka-baraleeyadu waxay quudiyaan awooddooda garashada maskaxeed, waxayna ka caawiyaan ilmaha malaynta wax aan suuragal ahayn.

Ugu dambaynta, xirfadaha bulshanimo, sida in la macaamilka dadka kale, marka la hadlayo oo hadalka la iska sugo, dadka kale aragtiyahooda oo lagu xushmeeyo, iyo barashada anshiyada bulsho ee qaalibka ah waxaa lagu bartaa xilliyada sheekasheegidda (ilmaha sheekooyinka looga sheekaynayo). Bilow in aad yeelato xilli qoysku isu sheekeeyo, haddii aydaa lahayn. Soo ururasada sheeka-xariirooyin caan ah, sheeka-baraleeyo, iyo sheekooyin dhaqameed aad xafidsantahay oo aad doonayso in aad ilmahaaga u sii gudbiso!

Muhiimmadda Cayaarta ee Sannadaha Hore ee Ilmaha

Intii aan ka shaqaynayay Cedar Riverside Community School, waxaan waaliddiin dareen ka qaba ka maqlay sheekooyin badan oo ku saabsan cayaarta ilmaha. Ku eedayn mayo dareenka shaki ee ay waaliddiintaasi ka qabaan cayaarta carruurta. Waxaan ruuxaygu qiranayaa in intii aanan wax ka baran korriimada carruurta aan ka mid ahaa waaliddiin cayaarta carruurtu aanay qiime wayn la lahayn. Waalid Soomaaliyeed ahaan, marka ay waxbarashada noqoto, aad ayaannu ugu adagnahay oo u qaddarinnaa, mahadi ha ka gaadho waaliddiintayadii nagu barbaariyay jacaylka waxbarashada e. Cayaartu qayb muhiim ah ayay ku lahayd noloshii gurigeenna ee maalmeed, laakiin cayaar uun bay ahayd aanu dadka waawayni dhibsan. Dhul bannaan ayaannu haysannay oo aannu ku orodno, isku cayrsanno, oo dhuudhuumasho iyo cayaaro kale ku cayaari karnay. Waxaan xusuustaa hooyaday oo ii soo iibisa maacuun jiko oo yar yar oo dhoobo ka samaysan. Aniga iyo saaxiibbaday waxa aannu samayn jirnay in aannu isku darno cadad basal ah, yaanyo (tamaandho), iyo xawaashyo, kuwaa oo aannu inta karinno suugada dhadhamin jirnay! Maba aannaan ogeyn in cayaartaasi ay maskaxahayagu ku korayaan. Haddaba, halkanna waa sidaa uun e kali ah halkan cayaartu waxaa loo sameeyay qaabayn xoogga saaraysa badbaadada ilmaha.

Markii aan gabadhayda yar ku darayay iskuulka xannaanada carruurta, wax sidaa u wayn ka ma aan aqoon korriimadda carruurta. Xilli hore oo ay aad u da' yarayd ayaan ku daray oo ay la qabsatay fursado waxbarasho oo heerkoodu sarreeyo, shan jir markii ay gaadhaynna akhriste firfircoon ayay noqotay! Ka hor intii aanan shaqada ka bilaabin xaafadda Cedar Riverside, waxaan gaaray heer aan macallinkii iskuulka xannaannada ee gabadhayda wayddiistay in ay shaqo-guri (layli) dheeraad ah soo siiyaan! Hase yeeshee, cayaartu qorshaha iigu ma jirin. Sheekooyinka aan ka maqlo waaliddiinta carruurtu xannaannada u dhigato qaarkood waa in ilmuhu ay mar kasta iska cayaarayaan macallimiintuna aanay waxba barin. Cayaar iyo farxad aad ayay carruurta muhiim ugu yihiin, waxaana jira cilmibaarisyo badan oo lagu caddeeyay. Haddana, saamaynta cayaarid la'aantu waa ay muuqataa, gaar ahaan qolalka yaryar ee aynnu deggannahay iyo bannaannada ilmuhu heli karaan oo kooban. Marka carruurtu cayaarayso, maskaxdooda ayaa korta oo isku-xiriirin garasho oo badan samaysa. Xiriirinahaa ayay aad u caawinaya noloshooda dambe. Barnaamijyo iyo bii'ooyin u qalma koritaanka maskaxeed waa khasab in loo helo carruurta, barayaashuna waa in ay si taxaddar leh u xushaan qalabka aynnu ku aragno iskuullada iyo maktabadaha akhriska.

Sidaa daraaddeed, aad ayay muhiim u tahay in aqoon asaasi loo yeesho sida ilmuhu u koraan oo wax u bartaan. Waxaa tegi kartaa maktabadaha akhriska, ama waxaad u kuurgeli kartaa xarumaha waxbarashaha dhallaanka yar yar iyo xannaanooyinka, si aad fikrad uga hesho oo wax uga ogaato. Sida caadiga ah, badanka alaabta (agabka) guryaha (xarumaha), kuwa ilmuhu ku cayaaraan, iyo sida loo dhigaa waxay ku salaysanyihiin hadba da'da dhallaanka. Waxaad kale oo tegi kartaa dukaammada qalabka waxbarashada iibiya, Lakeshore Learning, oo u sheegi kartaa da'da carruurta aad wax u iibinayso. Haddii aad eegto dhanka dambe ama dhinacyada alaabada carruurtu ku cayaarto, waxaad ka helaysaa da'da shaygaa ku habboon adeegsigiisa oo ku qoran.

Halka cayaaridda riwaayadaysan lagu sameeyo waa mid ka mid ah meelaha in waaliddiintu ay u fiirsadaan aan ku la talin lahaa in ay u fiirsadaan marka kasta oo ay soo eegayaan goobaxa waxbarashada dhallaanka yaryar, iskuullaada, maktabadaha akhriska, iyo madxafyada. Halka loo sameeyay cayaaridda mataaladda ku dhisan waxaa yaal alaabo u eg tan guryahaga taal laakiin ka yar yar oo carruurta loogu talagay. Waxaa ka mid ah alaabada jikada iyo maacuunta cunnada, qalabka dhakhaatiirta, iyo dalagyo (miro iyo khudaar) aan dhab ahayn, sida tufaax iyo kuwa la midka ah. Marka aad joogto dukaammda laga adeegto, ma ku aragtay carruur dhaqankoodu ka wanaagsanyahay kuwa facood ah? Waxay u badantahay in carruurtaa waalidkood marka uu maaweelinayo adeegsado xeeladda cayaarsiinta, si ay u baraan anshaxa bulsho la dhaqanka.

Maktabadaha akhriska ee xaafadaha iyo madxafyada carruurtu waa xarumaha aad ka heli karto meelaha cayaarta carruurta loogu talagalay. Adiga iyo carruurtaadaba waa ay u furanyihiin goobahaasi mar kasta, u mana baahdin in aad isu diwaangeliso ama aad saf sugitaan u gasho. Minnesota Children's Museum (Madxafka Carruurta ee Minnesota) waa xarun adiga iyo carruurtaadu aad wada tegi kartaan. Madxafka carruurta khidmo yar ayaa lagaa qaadayaa waase mid aad uga yar qiimaha faa'iidada wayn ee ilmahaagu ka dheefayo. Maktabadaha dadwaynuhu iyaguna waxay leeyihiin meelo loogu talagalay cayaarta, waxbarashada dhallaanka yar yar, iyo barnaamijyo aqoon-dhisideed (akhris, qoraal, iwm). Booqo maktabadaha xaafadaha middood oo wayddii maktabahayayaasha ka shaqaeeya in ay kuu tilmaamaan qalab aad u adeegsato kobcinta maskaxeed ee carruurtaada. Faa'ddoyinka badan ee ay cayaartu dhallaanka u leedahay ma wada xusi karno e waxaynnu ka bixin karnaa uun ogaan asaasi ah oo ku saabsan cayaarta, si aad adigu wax intaa ka badan carruurtaada u la sii raadsato oo u wada ogaataan.

Bar Carruurtaada Salaadda Marka ay Toddoba Jirsadaan

Cinwaanka kore waa Xaddiis ina tusaya fikradda carruurnimada hore iyo sida aynnu u wajahaynno. Nabi Maxamad (nabadgelyo iyo naxariisi ha u sugnaatee) wuxuu yiri: "Carruurtaadu marka ay toddoba jiraan salaadda ku amar, kuna garaac (ama canaano) marka ay toban jirsadaan…" (Sunan Abi Dawud).

Sannadaha hore ee nolosha ilmuhu waa laga bilaabo dhalashada ilaa siddeed jirka. Waa marka ilmuhu fasalka sadeexaad ee iskuulka gaaro. Haddaba, sida Xaddiiskani sheegayo, waxbarashada dhabta ah ee ilmuhu waxay bilaabataa marka uu fasalka saddexaad gaaro. Dad badan ayaa qaybta dambe ee Xaddiiska soo qaata oo u daliishada in ilmaha la garaaco marka wax ay barayaan, iyaga oo illowsan masuuliyadda ka saaran qaybta hore. Cutubka xiga ayaa sii faahfaahinaya qaybta dambe ee Xaddiiska. Aragtida Islaameed ee ku aaddan ilmakorintu waa in waalidka uu xil ka saaranyahay korinta iyo xannaanaynta ilmahooda, ilmahana waxaa laga filayaa in ay naxariis u muujiyaan oo ka dambeeyaan waalidkood. Waalidka ayaa eed ku leh haddii uu xilkiisa waalidnimo gudan waayo. Islaamku muhiimad wayn ayuu siiyaa korinta ilmaha iyo waxbariddooda.

Dhallaanku in uu helo fursado waxbarasho oo tayo sare leh sannadaha hore ee noloshooda ayna wax ka bartaan xannaanneeyayaal maskxadoodu ku korto oo u heellan horumarkooda waxaa ka dhalanaya in ilmuhu noqdo qof xilkas ah marka uu dad'da toban jirsado. Haddaba, fadlan ha garaacin ilmahaaga haddii aanay si fiican shaqadooda uga soo bixin ama raacin ammaarada la siiyo e tilmaamid ku toosi. Ilmaha ficilladooda iyo dabeecadahooda waxaynnu ku toosin karnaa tusid, u sharraxid, xusuusin, iyo tilmaamid. Tus sida aad doonayso in ay wax u sameeyaan ama ficil ahaan matalid ku tus iyo in aad horseed uu ku daydo u noqoto. Tusaale ahaan, haddii aad doonayso in ilmuhu buugag akhriyaan, soo qabso buug oo hortooda ku akhri. Marka aad doonayso in ay xeerar ama amarro la raaco, ugu faahfaahi heerka fahankoodu ku simanyahay. Waxay noqon karaan raacidda xeerarka qoyska u yaal, qabashada shaqooyinka yar yar ee guriga looga diro, ama barashada fikrado ku cusub.

Ugu dambyanta, ogow in carruuri carruur uun iska tahay oo ay xusuusin joogto ah u baahanyihiin iyo xeelado dib waddada qumman loogu duwo. Da' ay jiraanaba, carruuri waa tii waddada la la rabo ka leexata, innaga barayaasha iyo waaliddiinta ah ayuuna xil naga saaranyahay in aynnu xusuusinno oo ku toosinno waxa laga doonayo in ay samaeeyaan. Ku toosinta waxaa laga wadaa in laga duwo waxa ka jeediyay in ay waxa laga doonayo qabtaan. Haddaba, xusuusnow in aad tusto, u sharraxdo, xusuusiso oo aad dib ugu jihayso waxa laga doonayo. Carruurtu sannadaha hore ee koritaankooda waxaa ku dhaca isbeddello badan. Isbeddel jireedku waa mid ka mid ah isbeddellaadaas, cayaarid firfircooni lehna waxay dhistaa murqaha waawayn ee jirka. Si ay ahaataba, kaasi ma aha isbeddelka kali ah eek u dhaca. Koritaanka garashada maskaxeed ayaa isaguna ah isbeddel muhiim ah oo carruurta ku dhaca.

Carruurta Baahiyaha Gaarka ah Qabta

Waan qirayaa in ay jiraan carruur baahiyo gaar ah qaba oo u baahan jihayn, waxaana aan idin la wadaagayaa sheeko ku saabsan gabar yar oo markii ay qiyaasta da'da hal sano jirtay jirratay.

Gabadhaa yar magaceedu waa Helen Keller. Waxay markaa bilawday hadaaq, eraygii u horreeyay ee waalidkeed ka maqlayna waxa uu ahaa "biyo." Waa ay jirratay, waana ay dhego iyo indhaba beeshay, dabeecaddeeddiina aad ayay isu beddeshay, taa oo waalidkeed ku wareereen. Waalidkeed wuxuu la rabay in ay wax barato, waxayna u qabteen macallimad gaar ah, Anne Sullivan, oo lagu soo tababaray iskuul ardayda indhaha la' loogu talagalay, ruuxeeduna aragga cillad ka qabtay. Xilli ay macallimad Ann Sullivan isku deyaysay in ay u kuurgasho gabadha yar oo lix jir ah ayay ilmaha yari "ilkaha hore midkood Sullivan ka ridday!" (Papalia, 144).

Maalin maalmaha ka mid ah, Sullivan oo agaggaarka bustaanka Helen la socota waxay ag istaagtay bam biyaha laga dhaansado. Sullivan biyihii ayay inta bambaysay iyada oo afjaaqda dhegoolayaasha (luqad ishaaro) ku la hadlaysa waxay Helen ku tiri "water" (biyo). Helen gacanteeda ayay biyaha u dhigtay, haddana ka qaadday, dabadeedna bilowday in ay ku dhawaaqdo xarafka "W"! Sullivan waxay ku celisay erayga "water", Helenna inta dareenka biyuhu u lahaayeen markaa xiriirin maskaxeed u samaysay ayay tiri "water".

Sheekadaa waxaynnu ka baranaynnaa muhimmadda ay leedahay khibradda ilmuhu helaan yaraantooda hore iyo in la dhex geeyo bii'o maskaxdoodu korriimo ka helayso. Innaga, waaliddiinta Soomaalida ah, si joogto ah ayaynnu ilmaheenna dhaqdhaqaaqa uga xayirnaa marka ay guriga joogaan, xannaannada, ama marka bannaanka la joogo ee dargadaha lagu wado. Ilmuhu wuxay u baahanyihiin in ay yaraantoontooda horaba dareemayaashooda oo dhan adeegsadaan. U oggolow in biyaha bashdhabaan, koobabka jajabiyaan, oo burka sabaayadda ku la xashaan. Dhalashada ilaa laba jir waa muddada awoodda senso-rimotor-ka ilmuhu kobco. Sidaa oo kale, ka faa'iidayso adeegyada baaritaanka carruurnimada hore ee laga bixiyo degmooyinka aad degaanka ku tahay. In cilladaha jira waqti hore la sii ogaado waxay mar kasta dhaantaa in xilli dambe oo uu ilmuhuu iskuulka xannaannada caruurta ama fasalka koowaad bilaabay.

Barashada Akhriska

In aad carruurtaada akhriska bartid waxay kuu la muuqan kartaa dhibaato, laakiin aqoon asaasi ah oo aad yeelato iyo dedaal ayaad ku soo saari kartaa akhriste firfircoon! "In aad ilmaha kor ugu akhriso buugagga carruurta iyo waxbarid tayo leh oo baahidooda ku jaango'an oo eraybixin heer sare ah ku salaysan waxay kobcisaa erayada ilmuhu yaqaan" (Hill & Launder, 2010). Waxaa dhici karta in ilmuhu aanu wali hadal baran, laakiin ilmaha yari waa ay maqlaan oo maskax ahaan u qaabaystaan dhawaqa erayada ay maqlaan, marka ay hadal bilaabaanna si qumman ayay ugu dhawaaqaan, illeen hore ayay u sii maqli jireene. In kor wax loogu akhriyo waxay aad ugu dhowdahay sheekasheegidda afeed, carruurtuna labaduba faa'iido ayay u leeyihiin. In kor wax loogu alkhriyo waxay ku baranayaan erayga qoran, akriska bidix ku midig loo akhriyo, baalrogga buugagga, iyo xannaannaynta buugagga.

Waalid ahaan, soosaaridda akhriste firfircoon faa'iidooyin badan ayay mustaqbalka dheer leedahay. Ka werweri maysid shaqo-guri iskuulka looga soo dhiibo iyo macallin guriga wax ku bara oo aad u qabato, maaddaama maaddo kastaa ka doonayso akhris iyo fahmid. Ku dadaal in aad ilmahaaga barto akhrinta mowduucyo kala duwan. Waxaan arkay waaliddiin badan ilmahooda ku leh buugagga qaar ha soo qaadaninna, iyaga oo u qaba in aanay waxba ka faa'iidayn. Waxaan oran lahaa, ha xaddidin hummaag aragga (khayaalka) ilmahaaga. Carruurtu xiisayaal kala duwan ayay leeyihiin. Tusaale ahaan, qaar baa xiiseeya cayayaanka, dinnadsuurka, baabuurta ama tareennada. Ogow waxa ay xiiseeyyaan oo u oggolow buugagga ay doonayaan in ay akhriyaan. Maktabadaha waxaad ka helaysaa kuwo cusub iyo kuwo hore isugu jira oo ilme kasta xiisahiisa soo jiidanaya (Dolch 1948).

Ilmahaaga maktabadaha gee oo ku dhiirrigeli in ay buugag ka soo amaahdaan.

Tusaale ahaan, si ay carruurtaadu u helaan buugag heerka akhriskooda kor u qaada, tag halka ay yaallaan buugagga heerarka kala duwan ee akhriska loogu talagalay, laba buug ka qaado, carruurtaaduna dhawr buug oo mowduucayada ay xiiseeyaan ku saabsan ha ka soo qaataan. Waa dhan kastaba guul! Akhrinta buugagga iyo sheekasheegidda waxaa dheer oo aan ku dari lahaa dhawr siyood oo aad ilmahaagu akhriste wanaagsan uga dhigi lahayd. Ku dadaal in aadan ilmaha ku badinin su'aalo ku saabsan sheekada ama tijaabiso heerka erayada u kororsaday. Waxyaalahaasi si dabiici ah ayay isaga iman doonaan. Haddaba, marka hore bar alifbeetada, erayada muuqaalka, iyo erayo saddex xaraf ka kooban.

Alifebaatada

Da'da saddex jirka marka uu gaaro, ilmahaagu wuxuu diyaar u yihiin waxbarasho iyo akhris, waxayna u baahanyihiin in ay alifeebatada bartaan. In aad ku heesto ayaad alifbeetada ku bari kartaa, buug alifebeetadu ku taal ayaad u akhrin kartaa, ama tabeellayaal alifbeetadu ku qorantahay. Aniga ruuxaygu waxaan soo iibsaday roog alifbeetadu ku qorantahay, markaa ayaa ku boodboodi jiray xarfaha dushooda aniga oo ku dhawaaqaya, ka dibna ilmahayga ayaan oran jiray sidayda oo kale samee. Sidan oo kale, waxaad ku samayn kartaa tabbeellee wayn, adiga oo xarfaha inta taabato ku dhawaaqaya. In aad wada dhegaysataan hees alifbeetada la akahrinayo iyaduna waa hab wanaagsan oo lagu xifdin karo alifbeetada.

Erayada Muuqaalka

Erayda muuqaalku waa erayo aan raacin xeerarka higgaadinta oo aad ku akhrin karto uun in aad muuqaal ahaan u aqoonsato. Waxaa kale oo loo yaqaan erayada Dolch. Erayada muuqaalka waxaa sannadkii 1948 isku duway Edward William Dolch. Waa kuwa ugu badan ee lagu arko buugagga carruurta (sida kuwa Dr. Seuss), waxaana jira 220 eray oo noocaa ah. Sida uu qabo Dolch (1948), waxaa jira 95 magac oo aan ka mid ahayn erayo muuqaaleedka asaasiga ah. Ilmaha yari eraydaas waxay muuqaal ahaan uga bartaan buugagga sheekooyinka ee erayo muuqaaleedka, waxaana jira hab laga doonayo in ay erayadaa u xifdiyaan. Arrin in aad waalid ahaan xusuusnaato ay tahay waa, "In aad waqti hore ku bilowdo waxay keeni kartaa in ay nacaan oo ay barashada ka gaabiyaan" (Dolch 1848). Waxaan aqaan waaliddiin badan oo kuwa Soomaalidu ka mid yihiin oo doonayaa in ay ilmahoodu hore akhriska u bartaan. Carruurta waxaynnu u sheegnaa in ay ka shaqeeyaan nashaadyo aan mararka qaarkood heerkooda maskax ahaaneed ku habboonayn. Markaa oo kale, haddii ilmaha aynnu ku khasabno in ay wax akhriyaan iyada oo aan laga fekerin hadba inta xiisahoodu sii joogi karo iyo heerka koboca maskaxeed. Dhab ahaan, innaga ayaa guuldarro ku riixaynna. Markaa akhrisku wuxuu noqon karaa wax lagu caajiso, sidaana dooni maynno.

Erayo Saddex Xaraf ah

Erayada saddexda xaraf ah akhriskoodu waa xilliga ugu

xiisaha badan ilmaha. Waa marka ilmuhu xaqiiqsanayo in ay dhab ahaan erayada higgaadin karaan! Heerkan waxaa la gaaraa marka alifbeetada si fiican loo barto. Haddii ilmuhu iskuul dhigto, waxaad arkaysa in macallinmiintu soo siinayaan buugag akhris fudud ah oo ay ku qoranyihiin erayadaa saddex- xaraflayaasha ah. Gurigana waad ku samayn kartaan. Buugag ka soo qaado maktabadda, ama macallimiinta ilmahaaga wayddii in ay buugag noocaa ah kuu tilmaamaan. Bobby Lynn Maslen ayaa wuxuu qoray oo maalgeliyay Bob Books oo carruurta ka caawiya barashada erayada saddex-xarafleyda ah. Wayddii maktabadda xaafaddaada in ay buugaggaa soo iibiyaan oo keenaan. Waa buugag yar yar oo ilmahaagu akhrin karo waxna ku sawiri karo.

CUTUBKA SADDEXAAD

Aamminaadda iyo Dhisidda Xiriirka

Carruurtu heerar kala duwan ayay u koraan (maskax iyo jir ahaan), koritaankaana siyaabo kala duwan ayay bulsho iyo dhaqan kastaa u qeexdaa. Hase ahaatee, waxaa jira heerar koritaan oo ay carruurta oo dhammi wadaagaan, meel ay ku noolyihiin ama ka soo jeedaanba. Waxaa jira saddex xilli koritaan: carruurnimada hore (0-8 jir), carruurnimada dhexe (8-12 jir), iyo da'da tobaneeyajirka (12-18). Inta ay da' ahaan isu jiraan heerarka korriimo waa ay ku kala duwanaan kartaa hadba bulshada ama dhaqanka laga hadlayo. Mararka qaar, bulshada ay khusayso ayaa da'da u qiyaasta marka ay carruurtu waxyaalo samayn karaan ama marka ay iskuul bilaabayaan. Arrin in maskaxda lagu hayo ay tahay waa in qaangaarnimada ay ku kala duwanyihiin dhaqammada kala duwani. Islaamka marka laga hadlayo, carruurtu marka ay baaluqaan ayay qaangaaraan oo ficilladooda laga la xisaabtami karaa. Maraykanka marka laga hadlayo, carruurtu waxay qaangaraan oo sidii dad waawayn loo la xisaabtamaa marka ay garaan 18 jir. Xaqiiqo waxay tahay in xataa marka dhallinyaradaa qangaarka ah ee 18 jirsaday ay wali u baahanyihiin hagid, sababtoo ah, sida ay sheegayso cilmibaaristu, maskaxda qaybteeda reasoning-ku waxay si wanaagsan u kortaa ilaa da'da 21 jirka ka dib. Haddaba, marka loo eego inta u dhexyasa da'ahaas kala duwan, waxa aannu haysannaa fursado aynnu ku hagno, wax ku barno, ku sugno anshax iyo dabciga qumman, xiriir joogtaysanna aynnu ilmaheenna la yeelanno noloshooda oo dhan.

Muddada carruurnimada da'da dhexe, waalid ahaan waxaynu haysannaa fursad dahabi ah oo ilmaheenna xiriir dhow oo xasaasi ah ku la yeelan karno baahiyahooda kala duwanna u dheganuglaanno. Iyaga waxaa u muhiim ah xiriir ay ilmaha facood ah la yeeshaan, is-muujintooda qof ahaaneed iyo shaqada iskuulka. Adiga waxaa kuu muhiim ah shaqada iskuulka oo laga soo baxo, dhiirrigelinta, xeerar iyo xadad u dejin iyo edbintooda guud. Shaqada iskuulku waxay noqonaysa arrin wayn oo aad isaga hor iman kartaan adiga iyo ilmahaagu. Ilmahaaga muddadaa waxaa ku dhacayaa isbeddelo waawayn oo ay baaluqiddu u sabab tahay. Maalin waa ay faraxsanyihiin, maalinta xigtana waa ay caraysanyihiin, wax ku dhacayna garan maysid! Marka ay dugsiga dhexe dhiganayaan, waxa aad u baahantahay in aad jadwal u dejiso shaqada iskuulka adiga oo ilmaha talada ka qaybgelinaya qorshe hagid ahna adeegsanaya: tusid, faahfaahin, xusuusin, iyo jihayn. Waxaa kale oo iyaduna muhiim ah in aad ilmahaaga dhiirrigeliye joogto ah u ahaatid, si shaqada iskuulku farxad ugu yeelato. Boorrintu waa shidaalka waxqabashada ee ilmuhu ku shaqeeyo.

Waxaa jira laba nooc oo boorrin ah: boorrin gudeed (intrinsic) iyo mid dibadeed (extrinsic). Marka ilmahaagu shaqada iskuulka qabto, isaga oo ku doonaya derejo wanaagsan iyo guul, waxa uu leeyahay boorrin gudeed (intrinsic), marka uu shaqada u qabto in uu ku helo macmacaanka uu jecelyahay ama in aad filin u wadayso aad ballanqaadday, waxa uu helay boorrin dibadeed (extrinsic). Waalid iyo bare ahaanba, labada noocba waannu adeegsannaa, boorrinta gudeedna waa tan la doonayo in aad ilmahaaga ku beerto oo ku adkayso inta uu yaryahay, sababtoo ah waa waxa mustabalka fog uu u aayi doono ee caawin doona.

Muddada da'da dhawr iyo tobannada ilmuhu ku jiraan waa ay adkaanaysa in ay ku filnaanto boorrinta gudeed, sidaa darraaddedna waa in aad qorshayaal la timaaddaa. Diyaarso erayada ay ka mid yihiin "Xisaabyahan yaab leh ayaad tahay! Dhaqtarka adduunka ugu wanaagsan ayaad noqon doontaa, waan kugu kalsoonahay," si joogto ahna ugu adeegso. Carol Dweck buuggeeda Mindset: The New Psychology of Success (2016) ku xustay doonista maskaxeed (mindset). Waxa ay gaar ahaan uga hadashay laba nooc oo dadka ah: kuwa doonid maskaxeed korta leh iyo kuwo doonid maskaxeed meel uun iska taagan leh. Kuwa doonistooda maskaxeed meel iska taagantahay waxay qabaan in wax kastaa sida ay yihiin aan laga beddeli karin oo ay sidoodaa iska ahaadaan, halka kuwa doonistooda maskaxeed kortaa ay qabaan in wax kastaa sida ay yihiin laga sii horumarrin karo oo xataa guuldarrada ruuxeeda koritaan laga dheefo. Sida ay qabto Carol Dweck, shaabbadayntu aad ayay ugu darantahay koritaanka iyo bedqabka ilmaheenna. Waaliddiinteenna Soomaalida ahi badanaa hadallo kala duwan ayaynnu u adeegsanna wiilasha iyo gabdhaha, erayadaasina waxay saamayn ku yeelan karaan adduun-araggooda iyo sida ay isu la dhaqmaan marka ay waawaynaadaan. Tusaale ahaan, waxa aynnu badannaa wiilasha ku dhiirrigelinnaa in ay nashaadyo kala duwan isku tijaabiyaan, xataa haddii kharash ku baxayo ama halisi ka iman karto. Dhanka kale, waxa aynnu gabdhaha ka niyadjebinnaa in ay nashaadyo ama waxyaalo kala duwan isku dayaan. Waxaa kale oo aynnu innaga oo aan ku baraarugsanayn siyaabo kala duwan uga falcelinnaa ficillada ragga iyo dumarka, innaga oo aan ka warqabin in ilmaheennu falcelinnadaas u qaadanayaa sidii cashar ay mustqabalka ku dhaqmi doonaan! Tusaale ahaan, haddii qof dumar ahi hadal muran dhalin kara tiraahdo ama go'aansato in ay waxyaalaha qaar beddesho, waxa aynnu uga falcelinnaa innaga oo niraahna, "Maxay samayn kartaa waa dumar uun e?" Haddiise isla waxaa oo kale nin ku hadlo, waxa aynnu oran, "Waa runti, rag rag dhalay!"

Xadad u Yeel Laakiin la Jaanqaad Isbeddellada Korriimmada

In aad xad u yeesho waxa ilmahaagu samayn karo iyo waxa aanu samayn karin isla markaana aad ilmaha u gudbiso oo ka la hadasho, adiga ayay waalid ahaan kuu roontahay. Aad ayay muhiim u tahay in aad ogaato in xadadka aad u dejinayso ilmahaagu ay macquul yihiin koritaanka ilmahana ku habboonyihiin. Carruurtu waxay leeyihiin fahan u gaar ah oo ay wax ku cabbirtaan, hadba heerka koritaan ama da'eed ee ay gaareen. Sidaa darteed, u dheganuglow baahiyahooda koritaan inta aadan xadad u yeelin. Mid ka mid ah baahiyaha koritaan ee aynnu ka maqli karto heerka 8-12 jirku waa; "Waxaan doonayaa in aan carruurnimadayda ku raaxayso e i daa aan iska baashaalee!" Innagu, waalid ahaan, waxaynnu rabnaa in aynnu wax kasta u xadaynno ilmaha, innaga oo doonaynna in ay ilmaheennu noqdaan sida ugu wanaagsan.

Mararka qaarkood, sida ugu wanaagsan ayay ku soo baxaan marka muddada ilmanimanidiisa uu ku raaxaysto. Bal suurayso adiga oo ilmahaaga maalin kasta ku leh "ka shaqee casharrada iskuulka!", adiga oo la doonaya in uu derejo wanaagsan waxbarashada ka helo. Dhammaadyada toddobaadkana waxaad ku leedahay "akhriya Quraanka!", adiga oo la doonaya in uu xaafid noqdo. Halkan dhib ayaa ka muuqda: ilmaheenna xeerar iyo amarro uun ayaynnu u dejinaynnaa innaga oo aan xisaabta ku darsanayn taladooda iyo fikirka ay qabaan. Wax kala doorasho ah oo ay ku leeyihin ma jirto in ay u baahanyihiin barashada waxa laga doonayo iyo in kale! In ay shaqadooda iskuulka sameeyaanna wax doorasho ah ku ma ay laha. Waxa aynnu u baahannahay waa in aynnu qorshe u samaynnaa xilliyada shaqada iskuulka iyo xilliyo nafis farxadeed. Waxa aynnu u baahannahay isu dheellitirid. Marka ay dugsiga dhexe dhiganayaan, ilmuhu waxay u baahanayihiin muuqasho iyo derejo ay ku dhex yeeshaan facood. Saaxiibbada ayaa aad muhiim ugu ah, in ay iska dhisaan oo ay aqbalkooda helaanna waa waxa tobaneeyajiraddu wax kasta u quuraan. Haddii iskuulku yahay meel ilmaha nashaadyo shaqada iskuulka ka baxsan oo ay xiisaynayaan laga siiyo, markaa iskuulku waa u farxad. Haddii aanu iskuulku lahayn nashaadyo dheeraad ah oo ilmaha xiise geliya, waa in aad ku dedaashaa in aad uga hesho meelaha kale, si aad xiisaha iyo firfircoonida ilamahaaga u joogtayso.

Sidaa oo kale, marka labada waalid wada joogaan, hubiya in aad isku meel ka taagantihiin arrimaha jira marka aad xadadka dejinaysaan. Maadaamma saaxiibbadu muhiim noqonayaan, waalidku waa in ay aad u ogaadaan in u dejinta xadadku ay dhab ahaan ka caawinayso in ilmuhu yeeshaan kartiyo muhiim u ah. Sida badanaa dhacda, marka waaliddiinta mikdood "maya" yiraahdo, ilmuhu wuxuu tijaabiyaa waddo kale markaana u maraa dhanka waalidka kale si uu oggolaanshiyo uga helo. Tani waxay muran ka dhex dhalin kartaa labada waalid, ilmuhuna midkood ayuu nacayb u qaadi karaa.

U-jajabnaanta Ilmuhu Xiriirrada ayay Dhistaa oo soo Nooleysaa

Waxaan xusuustaa in aan in badan ka maqlay waaliddiin leh, "Canuggani aniga i ma maqlee dadka kale ayuu maqlaa." Mararka qaarkood, innaga waaliddiinta ah ayaa waxaynnu ilmaha ku niraahnaa waxyaalo dhaqan ahaan iska caadi ah laakiin ilmaheennu aanay fahmayn. "Cadaadis waalidku saaro dhallinyarada iyaga oo doonaya in ay si ay la doonayaan u dhaqmaan waxaa dhici karta in uu u daranyahay xiriirka is-fahan oo ay ka dhalato in ilmuhu iska daboolo dareenka kaga aaddan waxa laga doonayo" (Ruhl, Dolan, and Buhrmester, 3). Xiriirka dareen ahaaneed wuxuu bilowdaa marka carruurtu aadka u yaryihiin halkaa oo uu ka sii kobco ilaa ay waynaadaan. Heerka uu gaarayo xiriirka dhismayaa waxa uu uu ku xiranyahay tayada xiriir ee ilmuhu la leeyahay waaliddiintiis iyo dadka ka ag dhow. Marka carruurta iyo kurayda tobaneeyajirrada ahi waalidka ka maqlaan uun erayo kulkulul, sida "Ka shaqee casharka!" ama "Waxba fahmi maysid!", la xiriiri maayaan waalidka marka ay wax u baahdaan, maxaa yeelay, "Fahanka dhaliilidda waalid ee kurayda waxaa la xiriira ka fogaansho iyo diiqad"(Ruhl et al.,3) Marka carruurtaasi ay iskuulka joogaan ama saaxiibbadood la joogaan oo dad waawayni naxariis u muujiyaan erayo debecsanna ku la hadlaan, sida; "Gacalle, maanta waxaad u egtahay in si wax kaa yihiin. Wax kastaa ma kuu fiicanyihiin? Ii sheeg waxa aan kaa caawin karo...", qofkaasi ilmaha waa kaaga turid badanyahay, ilmuhuna qofka u naxariista ayay aqbalaan oo dhegeystaan.

Aadanuhu wuxuu xiriir dareenwadaag yeeshaa da'da yaraanta, laakiin waa dambana waa ay bilaaban kartaa haddii qof u debecsan oo u dhimrin leh ay is helaan. Innagu, waalidka Soomaaliyeed, gaar ahaan hooyooyinku mar kasta waxay ku hawllanyihiin ilmaha. Cuntada ayaynnu u diyaarinnaa, marka ay cunaan oo aynnu ka nadiifinno halka ay wax ku cuneen, iskuulka oo aynnu u diyaarinno, iyo in aynnu xil iska saarno hubinta in ay casharradoodii iskuulka ka shaqeeyaan. Waxa aynnu u qaadan karnaa in aynnu sidaa xiriir dhow ku la leennahay ilmaha, illeen waqti iyo dedaal ayaannu gelinnaye, laakiin taasi muhiimmadda ugu wayn u ma laha xoojinta xiriirka gacalnimo ee naga dhexeeya. Waxaa jirta cilmkibaaris laga sameeyay xiriirkaa iyo heerarkiisa iyo waxyaalaha saamaynta ku leh. Cilmibaarayaashu waxay u kuurgaleen hooyooyin iyo dhallaankood yaryar ah, si ay ugu fiirsadaan sida hooyinyinkaasi ay dhallaankooda ugu jajabanyihiin xannaanayntooda. "Hooyooyinka maalinta oo dhan la joogaa ilmahooda aad ugu ma jajabnayn la falgelidda dhallaankooda, halka aabbayaasha qaarkood oo aan si joogto ah u la joogini ay si xooggan u la falgaleen inta ay la joogaan" (Bowlby 1969, 315). Haddii aynnu tobaneey-ajirradeenna 24/7 la joogto laakiin aynnaan la falgelin, ama aynnaan u debecsanayn baahiyahooda kala duwan, qof kale oo u debecsan ayaa ilmahayaga maankooda xadi kara, si aanay innaga waaliddintood ah inoo maqlinna waa ay u maqlaan. Cutubka kowaad waxa aynnu ku soo marnay hababka kala duwan ee ilmakorineed, mid ka mid ahina waxa uu ahaa nooca loo yaqaan "authoritative parenting style" (ilmakorinta waalidku awooddiisa waalidnimo ee qummaan adeegsado), kaa oo istiraatijadda la falgalka ku dhaqma oo ilmaha dareenkooda u jajaban.

Dalalka galbeedka marka la joogo, dalka aad doonto ka imow e, ilmahaagu waxay si wanaagsan ugu shaqaynayaan la falgalka tooska ah ee u turidda maaddaama iskuullada badankooda laga adeegsado. Waa sababta waxa aad u arkayso in ilmahaagu uu dadka qaarki si togan u la falgelayo, sida macallimiinta iyo xubnaha kale ee bulshada, oo xataa iyaga kaaga kalsoonaan badanyahay. Dadkaa ilmahaaga saamaynta ku yeeshay waxay adeegsadeen xeelado, adiguna waa aad adeegsan kartaa xeeladaha si aad dib ugu dhisto xiriirka adiga iyo ilmahaaga idin ka dhexeeya. Aynnu tusaale ahaan ka hadlano u jajabnaanta iyo waxa ay tahay. Waa ka jawaabidda baahiyaha ilmaha xilliga ku habboon. Haddii qof saaxiib ah aad siiso saanwij dheeraad ah oo aad hayso (baahi la'aan), in ay inta kaa qaadato mahadsanid ku tiraahdo iyada oo dhoollacaddaynaysa ayaa dhici karta. Hase yeeshee, isla saaxiibtaas ayaad maalin kale iyada oo aad u gaajaysan aragtay, mana awooddo in ay cunno iibsato. Waad orodday oo inta saanjad u soo iibisay siisay. Labadaa mar, kan dambe waxaad ka jawaabaysay baahida saaxiibtaana raad wanaagga aad u gashay xusuusiya ayuu ku yeelan. Ilamahaaguna waa tabtaa oo kale. Marar badan waxaa dhacda in aynnaan xataa waqtiba u hayn u fiirsashada iyo ka baaraandegidda baahiyaha ilmaheenna. Markii Soomaaliya la joogay, qoyska caadiga ah waxaa lagu yiqiin ilmaha oo muuqaal wanaagsanaada oo nadiif ah, illeen aabbahoodna waa u soo shaqeeyaa hoyadoodna cunnada ayay u karisaa ilmaha iyo gurigana waa ay nadiifisaa e. Hase yeeshee, korriimadu tan jireed uun ma aha. Ilmuhu waxay uy baahanyihiin in ay maskax ahaan iyo dareen ahaanna u koraan. Mararka qaar waxaynnu sheegnaa in aynnu wax kasta u samaynno wanaagga ilmahayaga darti.

Ilamahayaga waa aynnu u shaqaynaynnaa, kayd dhaqaale ayaynnu u dhignaa, cunno waa u samaynnaa, dharkooda ayaynnu u mayrnaa, haddana innaga oo intaa u qabanna ayay nagu amar-diidayaan ama aanay wax naga maqlayn! Haddaba, xiriirka gacaltooyo nadiifin iyo cunno siin kali ah ku ma koobna. In xiriir dareenwadaag la yeeshaa waxay u baahantahay in aad dhug u yeelato oo u degdegto ka jawaabidda baahiyaha qof ahaaneed. Mararka qaarkood waxaynnu iska dhegatirnaa wax ay na wayddiistaan ilmuhu, sida in ay sinimada filin ku soo daawadaan ama dheel ay isboorti jeceliyihiin ah garoonka Target Field daawasho u aadaan. Waxaa dhici karta in waxyaalahaasi aanay waxba na la ahayn, laakiin iyaga waa u wax wayn. Si kale ayay wax ugu muuqdaan iyaga, waa ay korayaan, waana waqtigoodii. Waa waaya'arag carruurnimo oo ay ka sheekayn doonaan iyo xusuuso ay dib u xusuusan doonaan marka ay waynaadaan. Waxa aad ogaan kartaa waxyaalaha ilmahaagu xiseeyaan ama ay jeclaan lahaayeen adiga oo makhaayadaha ku la sheekaysta ama gaariga dhexdiisa, ama si fiican u dhegaysato sheekooyinka ay iyagu ku sheekaystaan.

Saamaynta aan Harin ee Garaaciddu Ilmaha ku Yeelato

Cutubka labaad waxa aynnu ku soo marnay qaybta hore ee Xaddiiska Nabi Maxamad (nnk) laga weriyay ee uu inoo ku sheegay in aynnu ilmahayaga salaadda barno marka ay toddoba sano jiraan. Qaybta labaad ee Xaddiisku wuxuu leeyahay: "… oo ku garaaca haddii ay tukan waayaan marka ay toban jirsadaan." Waxaa kale oo aynnu soo tilmaannay in halmaamidda (u fiirsasho la'aanta) qaybta hore ay u darantahay fahanka qaybta dambe. Dadka qaar ayaa qaybta dambe ee Xaddiiskan u qaata sidii nas caddaynaya in ilmuhu haddii ay wax maqli waayaan in la garaacaa ay bannaantahay! Garaacidda ilmuhu waxay badanaa ka dhacdaa xarumaha waxbarashada ee dhaqameed (sida dugsiga Quraanka) iyo guryaha qaarkood ay waaliddiintu rumaysanyihiin in ilmuhu wax bartaan kali ah marka la cabsigeliyo. Tani waa caado aan la aqbali karin, sida gudniinka gabdhuhuba uu ahaa caado aanu hadda sharcigu oggolayn. Xaddiisku wuxuu inoo sheegayaa in ilmaha salaadda la baro marka ay toddoba jirsadaan, haddii marka ay toban jir gaaraan tukan waayaanna in lagu garaaco. Waxaa laga fahmayaa Xaddiiska in aan ilmaha la garaacin, xataa aan far la saarin, ka hor da'da toban jirka. Waa in aynnu si fiican u korinnaa oo hagnaa sannadaha hore ee noloshooda. Marka aynnu taa ka soo baxno, waxay u badantahay in ay ilmuhu aanay leexan marka ay toban jirsadaan.

Waxa aan xusuustaa, sannado ka hor, mar aan macallin dugsi Quraan wayddiiyay sababta uu ardaydiisa u garaaco, jawaabtiisiina i ma qancin. Macallinkii wuxuu igu yiri, "Markii Malag Jibriil uu Quraanka soo dejiyay waxa uu Nabi Maxamad (nnk) ku yiri 'Akhri!' isaga oo camajuujinaya. Markii Nabigu (nnk) ugu jawaabay 'Wax ma akhriyo anigu', mar kale ayuu ku yiri 'Akhri!'" Ma doonayo in aan ku sii dheerado arrintan, laakiin markii aan si qoto dheer uga fikiray sababayn la aqbali karo ii la muuqan taasi. Ugu horrayn, malag ma ahid. Marka labaad, waxa laga hadlayaa waa carruur! Intaaba marka laga yimaado, carruurta waxaynnu u garaacaynnaa in ay sameeyaan hawl aanay xataa walliidiinta ruuxoodu qaban karin oo aan looba baahnayn! Sabab kale oo aynnu ilamaheenna u garaacnaa waa uun innaga oo arki jirnay waalidkeen iyo dadka waawayn ee naga ag dhawaa oo sidaa yeelaya markii aannu carruurta ahayn "Marka lagu dhaho Gaalada raaca wuxuu soo dejiyey Eebe, waxey dhihi, saas ma aha ee waxaanu raaci waxaan ka hellay Aaabayowganno (oo caabudi) oo haday yihiin Aaabayowgood kuwaan wax kasayn Hanuunsanayna (miyey raaci)." (2:170). Waxaan diyaar u ahay in aan arrintan kala doodo waalid ama macallin kasta oo danaynaynaya daryeelka carruurta iyo mustaqbalka noloshooda.

Tani wax iska dhaca ma aha. Garaacidda ilmuhu waa dhib buslhada aan ka harin oo nolosha jiilasheennii hore soo halleeyay. Xusuusnow in aynnu waalid ahaan ilmahayaga uga awood badannahay sida ay maamulayaasha goobaha shaqadu ay uga awood badanyihiin shaqaalahooda. Haddii aynnaan awooddadayadaa si habboon u adeegsan waa aynnu ku xadgudbaynnaa. Ciqaabta jireed waxay ilmaha ku reebaysaa nabarro qarsoon oo aadan arki karayn. Waa nabarro kuu qoonsan kara xiriir wanaagsan oo aad mustaqbalka ilmahaaga la yeelato. Saamaynta maskaxeed ayaa iyaduna u daran waxbarashada iyo maqalka ilmaha! Marka kali ah ee aynnu waallid ahaan baraarugnaa waa marka Hay'adda Badbaada Dhallaanku ay arrinta soo dhex gasho oo ilmaha la waraysto. Markaa ayay jawaabo kala duwan helayaan, taa oo arrinta sii xumaynaysa. Garaaciddu waa silicdilyayn aan shaki ku jirin, in aad ilmaha ku la kacdo adiga oo ku andacoonayaa waa dhaqankaygana waa khalad cad. Diintayadu ma bannaynayso falkaa, dhaqankayagana waxaa ka mid ah waxyaalo aan habboonayn oo ay tahay in aynnu ka fogaanno maaddaama la ogyahay dhaawaca ay innaga iyo ilmahayagaba gaarsiiyaan. Anas bin Maalik, Alle ha ka raalli noqdee, waxa uu yiri, "Nabiga (nnk) ayaan u adeegayay muddo toban sannadood ah. Waligii 'uf' igu ma uu oran, hawl aan qaban waayayna waligii 'maxaad u qaban wayday?' igu ma uu oran; waligiina wax aan sameeyay 'maxaad u samaysay?' igu ma uu oran." Xaddiiskan waxa aynnu ka arki karnaa sidii Nabi Maxamad (nnk) uu ilmaha u la dhaqmi jiray. Sow kan aynnu ku dayanaynnaa Isaga ma aha? Mase innaga oo Muslimiin sheeganaynna ayaynnu jeebkeenna kuwo kale kala imanaynnaa?

Cilminafsiga waxa aannu ku barannay in haddii xog ay maskaxdaadu qabato xilli aad jawiyada dareen midkood ku jirto ay dib u soo xusuusato marka isla jawigaa oo kale uu ku soo maro. Waa waxa lagu magacaabo mood-congruent memory (xusuusta jawiga dareen ku xiran). Ilmaha la garaaci jiray markii ay isku deyayeen qaybidda (xifdinta) Quraanka waxa ay xusuustaa xumi ku soo maaxataa mar kasta oo jawi cabsiyeed la soo gudboonaado. Sidaa darteed, fadlan aynnu Quraanka iyo sayniska kalaba ka baranno sida ilmuhu wax u bartaan iyo goorta ay bartaanba. Gacaliyayaal, waaliddiin iyo macallimiinow, ii sheega cid ka mid ah asxaabtii Nabiga (nnk) oo la garaaci jiray si ay Quraanka u bartaan? Waxa aynnu ku dhaqmaynnaa waa xadgudub bulsho ahaan la iska dhaxlay oo meel aan diintayada ku lahayn. Yaraan ayaan Quraanka ku bartay, macallinkayguna waxa uu aha isla kii hooyaday macallinka u ahaa. Ma xusuusto iyada oo la i garaacay. Malaha arrimo kale ayaa taa i dhaafiyay! Hase ahaatee, waxa aan si cad u xusuustaa waa in marka aan ilmaha gurigayaga agtiisa ku la ciyaarayo oo sida loo joogo ilmuhu inta mar qur ah wada cararaan dhuuman jireen! Aniguna hadde waan ka daba carari jiray, marka macallinkii dugsiga oo meesha marayaa na dhaafana wax kastaa caadigoodii hore ayay ku soo laaban jireen! Ardaydaasi marka berri ka maalin waawaynaadaan sidee bay ku la tahay in bulshada u qaabbili doonaan? Ma waxa aad doonaysaa in ay kaa cararaan mase in ay kuu soo cararaan, kuu dhoollacaddeeyaan, oo kaaga mahadceliyaan sidii wanaagsanayd ee aad wax u soo bartay?

Dabciga iyo Adkaysiga

Waxaa aynnu wada jecelnahay ilme edebsan, wax maqla, oo fasalkiisa waxbarashada halka ugu sareeysa ka gaara. Innaga waawayn oo waaliddiinteennuna ka midka yihiin, waxa aynnu mararka qaar illownaa in aan innaguba mar carruur ahayn. Dhismaha debciga qof ahaaneed waxa uu ka bilowdaa guriga, ilmahayagana innagaa ku dayasho u ah. Waa in aynnu innagu horta samaynnaa waxa aynnu carruurtu in ay sameeyaan aynnu ka doonaynno, waana in aynnu u dhaqannaa sida aynnu ka doonaynno in ay u dhaqmaan.

Tusaale ahaan, haddii aad doonayso in ilmahaagu dadka xushmeeyo oo caawiyo, adigu marka hore samee oo caadayso. Bulshadaada, iskuulka, iyo dugisga arrimahooda la falgal oo gacan caawineed ka geyso, adiga oo aan macallimiinta qaar ammaanin qaarna dhalleecayn kala duwanaashahooda dhaqan diimeed ama dhaqan oo qur adiga oo ka eegaya. Haddii aad doonayso in ilmahaagu akhriste wanaagsan noqdo, waa in aad adigu naftaadu maktabadda aaddaa oo ka soo qaaddaa buug aad akhrisato, dabadeedna si niyad iyo u bogid leh u akhri oo uga sheekee. Adkeysigu (keni-adayggu) waa awoodda ka soo kabashada dhibaato kugu gaartay. Dhammaantayo dhibaatooyin kala duwan ayaa na soo maray xusuusaha arammida ay nagu reebeenna mararka qaar inta nagu soo maaxdaan ayay dib inoo celiyaan.

Waxaa dhici karta in aad is tiraahdo ilmahaagu waligi iskuulka ku wanaagsanaan maayo, maxaa yeelay xero qaxooti ayuu ku dhshay, waxbarasho wanaagsan iyo hanti aad ku saaciddo ma aadan lahayn, haddana wuxuu wax la baranayaa carruur waddankan wax badan joogay (ama ku dhashay) oo fursado badan helay. Haddaba, adkaysiga soo kabasho dartii, carruurtu waxay awoodaan in ay kartidooda horumareed soo saaraan haddii ay dad waawayn oo gacanqabta helaan. Waligaa ha oggolaan in tagto ku soo martay ay joogtadaada iyo mustaqbalkaaga xukunto. Marka ubaxyadu qaadhaan ee la moodo in ay sii dhimanayaan biyo iyo nafaqo la'aan darteed, waraabi oo fursad u sii in ay dib u soo noolaadaan.

CUTUBKA AFARAAD

Da'da Tobaneeyajirka

Qof dhallinyaro ah ayaa Nabi Maxamad (nnk) u yimid oo wayddiistay in uu u oggolaado sinaysi, markaa ayay asxaabtii Nabigu damceen in ay aammusiyaan. Nabi Maxamad (nnk) wiilkii ayuu agtiisa ugu yeeray oo wayddiiyay bal in uu hooyadii, walaashi, iyo gabadhiisa uu sino la jeclaan lahaa! Wiilkii wuxuu ku jawaabay maya. Nabigu wuxuu ugu caqliceliyay in haddaba dadka uu sinada la doonayaa iyaguna yihiin dad kale walaalahood, gabdhahood, ama hooyooyinkood.

Xikamadda sheekadan ku jirtaa waa in tabaneeyajirradu ay waligood dareenno qabaan oo ay u baahanyihiin waanin iyo qof ay ku daydaan oo samaha u horseeda. Qofka kali ah ee ay dareennadooda u sheegan karaani waa qof ay ku kalsoonyihiin oo aamminayaan. Haddaba, yaa bulshada, qoyska, iyo iskuulka ka tirsan oo aamminaadda heerkaa gaadha leh oo ay tabaneeyajirradu ku dhacaan in ay wax kasta wayddiiyaan iyaga oo aan baqdin ka qabin?

Sida ka muuqata Xaddiiska kore, tabaneeyajirradeennu ma laha awood ay kaga fiirsadaan waxa ka dhalan kara ficilladoodaa degdegga ah iyo dareennadooda. Wax kasta oo maskaxdooda ku soo dhaca ayay ku hadlayaan. Hase ahaatee, waxa ay u baahanyihiin qof wayn oo u heellan in uu ku duwo samaha iyada oo aan la dhalleecayn. Waa aynnu sii faahfaahin doonnaa qaar ka mid ah arrimaha ugu muhiimsan ee maskaxda ku soo dhacaya marka laga hadlayo tabaneeyajirrada. Waa in xushmaynta waalidka la baro, in la waaniyo oo horseed loo noqdo, iyo laga caawiyo sawracseegga (aqoonsigooda oo ay ku wareeraan) ama cadaadis-faceedka ilmaha filkooda ah uga yimaada. Marka maskaxdoodu sii kortaba, isbeddello hoosaad murugsan ayaa ku dhaca muddada ay ku jiraan da'da sindheerta (tobaneeyajirka).

Koritaanka Maskaxeed iyo Isbeddellada Nafsiyeed

Maskaxda aadanuhu waxay u qaybsantaa dhawr waaxood oo mid kastaa xilli u gaar koro. Marka tabaneeyajirradeennu ay si caadiga ka baxsan u dhaqmaan, waxaynnu u qaadannaa in ay waasheen! Waxa aynnu aragnaa iyaga oo farriimo qoraal ah taleefannaga ka diraya iyaga oo gaari kaxaynaya, sidaana shilal halis ah ku sababtaan; iyo in ay sidoo kale ku talaxumaystaan adeegsiga daroogooyinka, dabeecado edebdarro iyo googgoys ah. Waalid ahaan, waxa aynnu mararka qaar u qaadannaa in ilmahayagu waasheen ama ay caasi-waaliddiin yihiin, dhabtuse waa in ay jiraan waxyaalo ka xoog badan oo ku riixayaa falalkaa. Waxa aynnaan wax badan ka ogeyn in tabaneeyajirradeenna waaxda go'aanqaadasha qaabbilsan ee maskaxdoodu aanay wali u korin si buuxda.

Maskaxda waaxdeedaa wali koraysa waxaa la yiraahdaa the frontal lobe (fuqa hore) or the executive function (go'aaminta ficilqaadasho). "Waaxdani waa tan qaybaha maskada ugu koritaan dambeysa, waxayna si buuxda u kortaa ilaa labaatameeyajirka" (Herrman, 2). Waxa aynnu badanaa aragnaa in dhibaatooyinka ilmakorinta ee bulshada Soomaalidu circa isku shareeraan marka ilmuhu da'aha tobaneeyada gaaraan oo dhammaan falgalka isbeddellada hoormoonnadu firfircoonaadaan. Go'aanqaadashada liidata waxaa u dheer in tobaneeyajirradu ay dareennadooda aan degganayn ku ficilqaataan.

Maskaxda qaybteeda the amygdala la yiraahdo ayaa ah waaxda dareenka oo muddada tobaneeyajirka aad u firfircoon, taa oo ah sabab kale oo keenta in ay dhallinyaradeennu go'aanno culus ku qaataan daqiiqado yar gudahood. Waaliddiintu waxay xal raaraadiyaan uun marka ay arkaan ilmahoodii yaraa oo gebi ahaanba sidii qof kale isu beddelay! Waaliddiinta qaarkood waxay ilmahooda dhaqancelin ugu diraan dalkii ay asal ahaan ka yimaadeen, halka qaarkoodna xanuunka iska qarsadaan iyo dareenka ceebeed ee habdhaqanka silloon ee ilmahooda.

Sidaa oo kale, dhaqan ahaan waxa aynnu leennahay da'o kala duwan oo lagu qaangaaro, taa oo ku xiran hadba bii'ada ilmuhu ku koro. Tusaale ahaan, shan iyo toban jirka Soomaali badani waxay u haystaan da' koritaan waxgarad ah. Waxa aad maqlaysaa gabdho yaryar oo leh, "Aniga waxba la ii ma haysto ilaa aan shan iyo toban jir gaaro." Ma ahan waxa iyagu iska samaysteen e waxay ka maqleen dadka waawayn ee ku xeeran oo waaliddiintu ka mid yihiin. Hadda waxaa ii jooga shan iyo toban jir mar kasta tiraahda, "Maba sugi karo inta aan lix iyo toban jir gaarayo ee aan mar uun gaari kaxeynayo!" Sidaa oo kale, tobaneeyajirradu waxa ay ka hadlaan gaaridda da'da siddeed iyo toban jirka, markaa oo ay ka xorroobayaan in loo taliyo maaddaama ay qof wayn noqdeen. Dareennadaasi waa kuwo ka dhex curta bulshada aynnu ku noolnahay iyo dhaqanka aynnu ku korno. Xataa waxa aynnu leennahay hees Soomaali ah oo uu qaado Xasan Aadan oo la yiraahdo, "Markaan da'da jiray shan iyo toban, markaan damac guur la soo kacay..." Islaamu wuxuu qabaa in aad qaangaarayso marka aad baaluqdo. Sababta ugu wayn ee ay Soomaalidu dad'da shan iyo toban u hadlhayaan waa iyada oo la rumaysanyahay in gabdhaha badankoodu ay caadada helaan xilliga 15-jirkooda, laakiin waxa aynnu ognahay in ay xilli kasta oo dad'da toban jirka ka dambeeya heli karaan caadada.

Sidaa awgeed, Soomaalidu waxay ilmahooda qaangaarka noqda (badanaa shan iyo tooban jir ka dib) ka filaan in ay masuul noqdaan oo arkaan in dadaalkoodii korineed ay ka soo baxeen ilme hagaagsan. Shaqada ilmakorintu ku ma dhammaato da'da tobaneeyajirka ee waaba marka ay dhab ahaan u sii adkaato.

Sida aynnu ognahay, oraah baa ah "Degmo dhan baan ilme korisa." Ugu horreyn, aqoonta ilmakorintu waxay waaliddiinta ka caawinaysaa in ay aayarsadaan, maxaa yeelay waxay ogaanayaan in ay jiraan arrimo aanay iyaga iyo ilmahooduba wax ka qaban karin, hawshana aanay kali ku ahayn.

Isbeddellada hoormooneed waa sida duufaanno doonaya in ay burburiyaan tobaneeyajirrada iyo dadka waawayn ee ka ag dhaw ee ay waaliddiintuna ku jiraan! Duufaannada dabiiciga ah waynnu ka sii gaashaamannaa oo hoy aynnu ka sii galno raadsannaa, maxaa yeelay waxa aynnu sii ognahay haddii aynnaan meel aan ka galno sii dayan in ay noloshayada ku baabi'i karto. Sidaa oo kale, waxaa jiraa hoormoonayaal ka dhex shaqaynaya tobaneeyajiirada jirkooda oo aannaan arki kari laakiin aynnu dabcigooda iyo sida ay u dhaqmaan ka arki karno.

Tobaneeyajirradu mararka qaarkood iyagaa isku maqan, mararka qaar waa ay caraysanyihiin, mararka qaarna waxay u bareeraan falal aynnaan waalid ahaan innaba u oggolayn! Tusaale ahaan, mararka qaarkood waxaynnu aragnaa in tobaneeyajirradayadu ay aad uga wahsanayaan oo aanay doonayn in ay hurdada ka toosaan, markaa ayaynnu ku xanaaqnaa. Waxa aynnu doonaynnaa in ay xilli hore iskuulka u kacaan oo aadaan, shaqada guriga ka qabtaanna intii hore ka badiyaan, haddana marba marka ka dambeysay caajis ayay sii noqonayaan! Bal haddaba aynnu eegno waxa hoormoonayaasha midkood oo melatonin la yiraahdo ka dhex wado jirjooda. Waxa aan waalid ahaan hubaa in hormoonnada aynnu naqaannaa yihiin kuwa himmada galmada keena maaddaama ay ka masuul yihiin dhammaan isbeddeladda jireed ee tobaneeyajirrada ku dhaca. Sidaa oo ay tahay, waxa innaga waaliddiinta ah aynnaan badanaa garanayanyni waa hoormoonka melatonin isbeddellada uu keeno. Hoormoonka Melatonin waxa uu ku firfircoonaadaa mugdiga waana kan naga caawiya hurdada, laakiin tobaneeyajirrada firfircoonaantiisu way ka dib dhacdaa. Waa taa sababta aanay habeenkii hore ugu seexan ee ay u soo jeedaan ilaa saq dhexe ama ka dib. Waxaa jira dhawr tabood oo aannu ku deyi karno, laakiin waa in aynnu marka hore rumaysannaa in aanay dhallinyardu iska yeelyeelayne caawinaad dhab ah u baahanyihiin. Culimmo maskaxda iyo sida ay u shaqayso dersa (Neuroscientists) ayaa waxay adeegsadeen iskaanno (sawirro kumyuyuutar) laga qaaday maskaxda, si ay arrintaan u xaqiijiyaan, waana aad helaysaa macluumaad badan oo la xiriira hoormoonka Melatonin iyo iseddellada uu ku keeno habsocodka hurdada iyo soojeedka ee da'da tobaneeyajirka.

Su'aal muhiim ahi waxay tahay, tobaneeyajirradu hurdo ku filan ma helaan, haddii aanay helinna saamayn sidee ah ayay noloshooda ku yeelataa? Mary Carskadon, cilmibaare Maraykan ah oo hurdada ku takhasustay, waxay tiri hurdo yaraantu "waxay saamaysaa jawigooda dareen iyo awooddooda ka fiirsasho, iyo waliba kartidooda ficilqaadashada iyo falcelinta" (Carskadon). Waxa aan hubaa in aynnu aragnay dhibaatada ay leedahay in waaberiga hore hurdada laga kacsho arday dugsiga dhexe ama sare dhigta, si uu iskuul ama dugsi u aado. Haddii aad waalid wayddiiso, adduunka meel uu joogaba, waxay kuu sheegayaan in ay u malaynayaan in tobaneeyajirradooda ay caajislowyaal yihiin. Haddii aynnaan xaqiijin in ay hurdo ku filan seexdaan, dhibaatooyinkii dabciyeed ee awalba haystay ayaynnu dhib kale ugu sii daraynnaa.

Wax kale oo yaab leh oo maskaxda ka dhaca muddada tobaneeyajirku waa waxa loo yaqaan pruning and myelinations oo macnaha guud u dhigma gurmagoynta iyo miiqidda xargaha dareemayaasha maskaxda. Gurmagoynta iyo miiqidda dareenwadayaasha maskaxda ee dhacda muddada tobaneeyajirku waxay u dhigantaa isbeddellada ilmaha ku dhaca saddexda sannadood ee carruurnimada hore. Waa xilli xasaasi ah oo daaqad fursadeed u fura tobanayeejirradeenna.

Aad ayay muhiim u tahay in ay waaliddiintu ka faa'iidaystaan xilligan, maxaa yeelay isbeddelku waxa uu dhacayaa marka ilmuhu in uu qof wayn noqdo u gudbayo, markaa oo ay bilaabato caqabadda ka soo wajahda xakamaynta dareenka jireed. Tobaneeyajirkaaga koraya waxaad ku duwi kartaa fursado waxbarasho kala duwan oo aad dhaqanwanaagga iyo edebta ku xasilaynaya. Xilligan marka lagu jiro, dhallinyarda waxaa ku jira tamar badan oo aynnaan innaga waaliddiinta ahi kuba malaynayn! Waxa ay awoodaan in ay xirfado kala duwan bartaan maaddaama maxkasdoodu ay aad ugu baahi qabto barashada wax cusub. Haddii aynnaan danba u gelin, ama ka mashquulno, ilmahayagu waxyaalahaa cusub siyaabo kale ayay ku baran, si ay maankooda gaajaysan u qanciyaan. Waxyaalahaa cusub waxaa dhici karta in ay noqdaan waxyaalo aynnaan aqbali karayn ama jeclayn. Adeegsiga daroogooyinka iyo la socoshada saaxibbada xun ayaa dhici karta in ay bartaan. Haddii degaanka aad deggantahay laga helayo fursadaha ay ka midka yihiin naadiyo akhris, dabaal iyo isboortiga noocyadiisa kale, ilmuhuna uu yaraantiisii hore helay waxbarasho tayo leh, waxaa dhici karta in xaalku sidaa ka duwanaado. Si kastaba, hagiddaa iyo horseedku ilmaha waa u lamahuraan. Alle dhallinyarada ha ka ilaaliyo waxyaalaha aan wanaagsanayn oo ha ku hanuuniyo kuwa faa'iidada u leh iyaga iyo bulshadoodaba.

"Dibaatooyin badan oo dhallinyaradu qabaan, dawdarnimada, dagaalka, kharbudaadda, adeegsiga daroogooyinka, xatooyada, iyo xadgudubka" (Herrman p. 4) waxaa sababa dareenno aanay xakamayn karin iyo waaxda maskaxda ee go'aanqaadsha (the prefrontal cortex) oo aan si buuxda u korin. Waa arrin aragti taban yeelanaysa laakiin waa uun xeelad isbadbaadineed oo xilligaa dhalata. Ka soo qaad sida guri aad iibsatay oo aad doonaysi in aad degto laakiin aanu dhismihiisii wali dhammaan. Bannaanka aad ayuu uga qurxoonyahay laakiin marka aad gudaha gasho ayaad ugu tegaysaa buuq ka dhex yeeraya iyo dig iyo dam shaqada dhismaha lagu wado ka baxaysa, iyo xataa hindhiso aad ka qaaddo habaaska ka duulaya goobta shaqada. Tobaneeyajirradu waa sidaa oo kale; degdeg ayay u koraan, wixii ay samayn jireen wax ka badan in ay sameeyaanna waa laga filanayaa, laakiin hoos ahaan jirkooda iyo maskaxdoodaba waxaa ka socda isbeddello badan. Bal suuree innaga oo ilmaheenna ku niraahna "Ka shaqee casharkaa" 24/7 iyaga oo isbdelladaasina ku dhacayaan! Yaa kale oo caawinaya haddii innaga waaliddiinta ahi aynnaan si firfircoon gacan u siin? Macallimiintu innaga ayay eedda ina saarayaan, siyaasad-dejiyaasha bulshaduna waxay soo saxiixaan lacago qalalaasaha dhallinyarada lagu la tacaalo. Sidaa oo ay tahay, wali sidii la rabay loo ma abbaarin halka dhibku asal ahaan ka imanayo.

Ilmaheenna waxaa aad ugu cuslaaday nashaadyo dheeraad ah oo waxbarashada caadiga ah ka baxsan, sidaa darteedna waqti u ma haynno in aan dhawrno ilaa siyaasad-dejiyayaasha, barayaasha, iyo xubanaha kale ee bulshadu ay isu imanayaan. Waxa aannu u baahannahay inaynnu ka faa'iidaysanno waanooyinka aqoonyahannada ku takhasusay habdhiska maskaxeed (neuroscientists) ee ogaanaya isbeddelladaas yaabka leh ee maskaxaha tobaneeyajirradeena ka dhex socda.

Shaqada hadda inoo taallaa waa in aynnu u doodnaa, qofkii shaqadaa inoo qabanayana caawinnaa, laakiin ilmaheenna badbaadsannaa inta aanay farahayaga ka bixin. Waxa aan jeclaan lahaa in aan waaliddiinta ku boorriyo in ay daawadaan dukumiintaarkan TV-ga PBS ka baxay ee si fiican inoo tusaya nolosha waalidka iyo tobaneeyjirrada. Marka aad doonto joojiso filinka oo u yara naso, sida aniguba aan yeelay, maxaa yeelay waxa uu anfacayaa waalid kasta oo tobaneeyajir u joogo (https://www.pbs.org/wgbh/frontline/film/inside-the-teenage-brain/). Marka aad sii ogtahay wax dhacaya, ugu yaraan kediso kugu noqon mayso, laba midkoodna waa aad kala dooran kartaa: iska illow oo hadhow ha caban, ama markaaba arrinta wax ka qabo. Sababaha waxyaalaha dhacaya keena ka ma wada gaashaaman karno, laakiin waxaa dhab ah in aynnu saamaynta ay tobaneeyajirradeenna ku yeelanayaan dhacdooyinkaasi maarayn karno.

Sawracseegga iyo Cadaadis-faceedka

Waxa aynnu badanaa maqalnaa dhalliyaro sawracseeg (identity crises) ku dhacay (aqoonsigooda ku wareera), laakiin xaggee fikaraddani ka socotaa waa maxayse sawracseeg? Erik Erikson ayuu ahaa qofkii bixiyay hawraarta "identity crises" markii uu soo saaray aragtidiisa cilmiyeed ee ku saabsan koritaanka maskaxeed, taa oo uu ku sharraxayay isbeddelka ka gudbidda carruurnimada laga koro ee qof wayn la noqdo. Hase yeeshee, waa in aynnu xisaabta ku darsannaa deegaanka ilmuhu ku korayo, maxaa yeelay tobaneeyajir kastaa xaaladda khalkhal aqoonsi ma maro.

Tusaale ahaan, dhaqankayaga, marka ilmaha curadka ahi uu dugsiga sare ka baxo ee caawinayo ganacsiga qoyska sidaa ayuuba hoggaamiye ku yahay oo uga gudbaa khalkhal aqoonsiyeedka la xiriira xirafadda shaqo. Si taa la mid ah, haddii aad ilmahaaga ku tiraahdo anigaa waxbarashada jaamacadda ka caawinayaa haddii uu kulliyadda caafimaadka lagu barto gelayo laakiin uu rabo in wax kale barto, waxaa meesha ka baxaya fursaddii ka baaraandegga iyo kala doorashada xorta ah.

Tobaneeyajirrada waxaa ku socda isbeddelo kala duwan, khalkhal aynnu ku sheegno ama sahamin kartiyeed kan la doono e, waxa ugu muhiimsani waa ay helaan taageerada ay u baahanyihiin xilligaa ay yaraannimaad ka gudbayaa ee qofka wayn noqonayaa. Waxa aynnu badanaa maqalnaa tobaneeyajirradeenna oo leh, "Cidina ii ma sheegi karto waxa aan samaynayo!", ama waxaynnu aragnaa iyaga oo xiranaya dhar aan dhaqan ahaan habboonayn. Labada waxa ee halkaa ka socdaa waa ismuujin ay doonayaan in facood ka dhex muuqdaan oo isxariifiyaan iyo in ay koox ay ka mid ahaanshaheeda doonayaan ka tirsadaan. Waxa ay isku deyayaan in ay xoroobaan oo ay go'aannadooda nololeed u madaxbannaannaadaan, iyaga oo u haysta in haddii ay cid kale ka amarqataan ay daciifnimo tahay. Sidaa awgeed ayay waxay go'aansadaan in ay si joogto ah oo ku adkaysi xooggan leh u amardiidaan. Tani waxba ka ma duwana markii carruurta yaryarka ahi "Maya!" yiraahdaan wax kasta iyaga oo doonayaa in ay iyagu iskood isu maamulaan. Heerkaa ay marayaan waxaa lagu magacaabaa "the terrible twos" (laba-jir dhiblow). Ka soo qaad uun in aynnu markan la xaalaynno "terrible teens" (tobaneeyajir dhiblow), kali ah laba jirrada kaga duwan in ay waaweynaadeen oo ay caawinaad la'aan iskood u socon karaan.

Dhanka kale, tabaneeyajirka badankoodu waxay xirtaan dhar caynad gaar ah (fashion) leh oo ay ku doortaan in uu yahay nooc markaa socda oo laga dabadhacsanyahay. Ilmahaagu haddii aanu sida facood u egyihiin u ekaan, waxay dareemayaan in la cidleeyay sidaa awgeedna waxay isku dayaan in ay kooxdooda (facood) ka dhex muuqdaan oo sida facood u labbistaan. Iskooxaysiga faceed markan oo kale dhib ma laha oo waa iska caadi. Dhibtu waxay timaaddaa marka tobaneejirradu ay qof ahaantooda gooni ugu fikiri waayaan ee waxa kuwa yeelayaan uun iska raacaan, iyaga oo ku dadaalaya in aan kooxda laga dhex saarin. "Is-aqbalidda koox-faceedka iyo xiriirrada wanaagsan waxay ka hortag u yihiin labada xaalad nafasadeed ee la kala yiraahdo social anxiety iyo depression" (Links to adolescents... 11). Marka dhallinyaradu ka qaybgasho nashaadyada wanaagsan oo aanay naftooda wax u dhibayn, waxay ka bartaan caadooyin wanaagsan noloshooda oo dhanna anfaca." Waxaa kale oo loo baahanyahay "jawi taageero bulsheed leh oo ay si xor ah uga hadli karaan qof ahaantooda iyo qofka ay jeclaan lahaayeen in ay noqdaan" (Links to adolescent...12). Nashaadyadaasi waxay ka heli karaan iskuullada, maktabadaha, ama xarumaha bulshada ee ay joogaan dad waawayn oo la taliyayaal iyo tababarayaal ah oo yaqaan wanaajinta nolosha dhallinyarada. Islaamku wuxuu na barayaa in dadka waawayni kuwa yaryar u naxariistaan, dhallinyaduna dadka waawayn qaddariyaan. Sidaa ayuu xiriirka ka dhexeeyaa isu haystaa labada dhan, in xiriirka la sii wanaajiyaana waxay u baahantahay dadaal labada dhanba laga doonayo. Waaliddiinta waxaa xil ka saaranyahay in ay ilmahooda si wanaagsan u koriyaan. Waa in ay xil iska saaraan waxa ay cunayaan, halka ay aadaan, iyo waxa ay bartaan. Waxaa kale oo laga doonayaa in ay xaqiijiyaan in waxbarashada ilmahooda ay ka mid tahay dhisidda debci wanaagga, sida naxariista, daryeelka, iyo isu danqashada dereen ahaaneed. Waxbarashada debci wanaaggu, sida aynnu hore u soo sheegnay, lagu ma xaqiijin karoo o kali ah in hadal uun laga badiyo ilmaha ee waa in la tuso waxa laga wado naxariista, dareenwadaagga, iyo sida hoggaamiye wanaagsan loo noqodo. Waaliddiinta, macallimiinta, iyo bulshada inteeda kalaba waa in taasi ka muuqataa.

Qoys aan dhismihiisu habboonayn waa kan aanay hooyadu ilmaha canaanan karin, maxaa yeelay aabbaha ayaan ku raacsanayn sida dhibta jirta ay u xallinayso. Markaa ayuu ilmuhu bilaabaa in uu kas uga dhex faa'iidaysto labada waalid oo ku dadaalo in uu khaladkii uu galay masuulyaddiisa sidaa kaga baxsado. Ka warran marka halkii aynnu ilmaheenna u naxariisan lahayn garaacno, si xun u la dhaqanno, oo erayo qalbigooda damqa ku niraahno, innaga oo aan ka fiirsan in ay wali korayaan oo u baahanyihiin in waqti ay wax ku fahmaan la siiyo. Mararka qaar waynnu habaarnaa ama caynaa, iyaguna waligood debciga laga la dagaallamayo joojin maayaan, illeen sida aynnu hore u aragnay maskaxdoodu wali si buuxda u ma korin oo dhisme ayaa ku socda e. Ka ma wado habaarku ma jiro, laakiin sidaa ayuu Alle u qaddaray in maskaxdoodu u samaysanto. Dhaqankan Soomaaliyeed ee xiriirka ilmaha iyo waalidkood ka dhexeeyaa uu waligu soconayo waa cajiib. Waxa aad taa ka arki kartaa sida Soomaalida qurbuhu xiriirka adag u la leeyihiin ehelkooda dalkii jira oo qaarkood bil kasta lacag ugu diraan lana hadlaan. Sidaa ayuunan xiriirka waalidka iyo ilmihiisa u dhexeeyaa waligii u istaagin. Ilmakorintu ma dhammaato in waalidka baarri loo noqdaana ma dhammaato. Guud ahaan, qofka debciga wanaagsan ku koraa dadka waawayn ee ka ag dhow oo dhan waa uu u baarri noqdaa, waalidkii oo duqoobayna iswayddiinba ma laha iyagu.

Hagidda iyo Horseedka

Horseediddu (mentoring) waa wax ay aad ugu baahanyihiin dhallinyaradu. Erayga "horseede" waxaa dhici karta in uu waaliddiinta qaarkood dareen ku rido, maxaa yeelay waxa uu dib u xusuusinayaa sheekooyin ku saabsan barnaamijyada ka hortagga xagjirnimada iyo kuwo la mid ah oo waaliddiintu ku jahawareereen siina kordhiyay kalsooni darradii ay awalba ka qabeen hay'adaha adeegyada bulshada. Si ay ahaataba, waxa aan anigu ka hadlayaa ma aha barnaamij gaar ah ee waa horseedidda ilmuhu u baahanyihiin guud ahaanteeda. Hagiddu waa u muhiim dhallinyarada si ay u horumaraan oo noloshooda ugu guuleystaan. Qofka ilmahaaga hage u noqonaya iyo halka aad ka helayso waa arrin kale oo gaar ah iyadu.

Adigu, waalid ahaan, dedaalkan qayb wayn ayaad ku leedahay, laakiin ogow in aad u baahantahay qof aqoon u leh carruurta iyo baahiyahooda muhiimka ah oo ku hagi doona fursadaha ilmahaagu xiisaynayo.

Waxaa kale oo jira dhibaatooyin gaar ah oo tobaneey-ajirradeena haysta, kuwaa oo oo ay tahay in aynnu wax ka qabanno. Tusaale ahaan, waxa aynnu aragnaa sida qabatinka maandooriyayaashu (daroogooyinka) waxyeello ugu geystaan nolosha dhallinyarada. Waa qabatin ay barteen, innaguna waxaynnu ka caawin karnaa in intii ay daroogooyinka qabatimi lahaayeen ay waxyaalo wanwanaagsan qabatimaan. Maskaxdu waxay qabatintaa wixii aynnu ugu celcelino muddo dheer. Tobaneeyajirradu waxay kale oo qabatimaan waddooyinka gaadiidka oo ay gawaarida dulqaad la'aan (xanaaq) ku wadaan, falcelin ku soo booddo ah oo aan laga fiirsan, iyo arrimo kale oo la mid ah. Waxaa intaa u dheer, innagga ayaa dhallinyaradeenna go'doomin tii ugu darnayd ku haynna! Haddii, tusaale ahaan, qof dhallinyaro ahi damco in uu masjidka aado oo uu doonayo in uu ka haro kooxo aanu la socodkooda jeclayn, waxaa dhici karta in qof kasta oo masjidkaa joogaa uu joogitaankiisa masjidka su'aal ka keeno! Xarumaheenna bulsho ayaa iyaguna dhallinyarada qaarkood si dadban u soo dheweeya kuwana aan danba ka lahayn. Haddaba, yaa ka shaqaynaya oo dhallinyaradeenna badbaadinaya? Ka warrama haddii aynnu dabeecadaha xun ee dhallinyaradu ay qabatimeen ku beddelno kuwo wanaagsan? Waxa aynnu ka caawin karnaa iney yeeshaan xirfado ay ka mid yihiin qorshaynta waxtarka ah, cunno cunidda caafimaadka u roon, jadwal u samaysashada hurdo wanaagsan, iyo maaraynta dareennada (shucuurta) qof ahaaneed. Sidaa ayay ku baranayaan xallinta dhibaatooyinka nololeed ee mustabalka marka ay waynaadaan. Waxa ay dhallinyaradeennu maanta tebayaan waa xirfado noloshooda anfaca. Xirfadahaa qaarkood u ma baahna waxbarid toos ah ee waxay u baahanyihiin in si cad loo tuso. Tusaale ahaan nashaadyada xilliyada iskuulka ka dib la siiyo, waxa aynnu samayn karnaa barnaamij ku saabsan cunnada wanaagsan iyo jimicsiga (jirdhiska). Waxay samayn karaan cilmibaaris kooxeed. Waxa ay isu raaci karaan suuqa beeralayda xaafadaha oo ay ka soo iibsan karaan khudaar iyo miro cusub, dabadeedna inta soo diyaariyaan ayay bulshada u soo bandhigi karaa, ama inta filin ka duubaan ayay bulshada tusi karaan isla markaana wayddiin karaan in waxa ay ka barteen ficil ahaan u fulin karaan. Nashaadka noocan ah waxa ay dhallinyaradu ku baranayaan xirfadaha maamul, cunno cunidda wanaagsan, iyo qorshaynta.

Dhallinayaradeennu waxay kale oo baahi u qabaan hagid wanaagsan oo ay ka helaan dadka sida dhabta mustaqbalkooda u danaynaya. Maanta dhallinyaradeennu waa laba qaybood: kuwo waddooyinka wareegaalaysta iyo kuwo xagjir noqday. Kooxi waxay dedaal oo dhan isugu geysay masjidka, kooxda kalana waa rabshoolayaal jidadka tuban. Lababa xaaladoodba, innaga waaliddiinta ah ayaa ka masuul ah maaddaama aynnu innagu horseed u nahay, aynnu qiranno ama is diidsiino e. Wiilashaneenna iyo gabdhaheenna ayaynnu siyaabo kala duwan u la dhaqannaa, berina isla khaladkaa uun ayay iyaguna ku dhaqmi oo soo celcelin.

Cutubkan bilowgiisii waxa aynnu ku soo aragnay in qof dhallinyaro ahi uu Nabi Maxamad (nnk) wayddiiyay su'aal qaab adag. Bal malee iyada oo qofkaa dhallinyarada ahi na wayddiiyo su'aashaa oo kale! Jawaabo kala duwan ayaynnu kala siin lahayn hadba wiil ama gabar kan uu yahay qofka su'aasha i na wayddiiya. Dhaqaankeenna Soomaaliga ahaan, sida aynnu su'aasha uga jawaabno waxa ay u dhawdahay sidan; "Haahey! Waa uu baaluqay wiilku (nin buu noqday)!" Qallafsanaata su'aasha waa aynnu la yaabnaa, sidaa oo ay tahayna si aan ku talagal ahayn u bogaadinaynnaa! Hase yeeshee, marka wayddiintaa oo kale ay gabar afkeeda ka soo baxdo, waxay aynnu ku la soo boodnaa; "Ceeb! Naa maxaad tiri?" Waa isla sababtaa waxa aynnu gabadha oo aan baaluqinba gudniinka Fircooniga ah ugu fulinnaa oo farjigooda isugu tolnaa, ka hortag ahaan.

Islaamku siyaabo kala duwan ayuu u xilliyaa arrimaha dhallainyarada, iyada oo aan la inkirayn dareenkooda dabiiciga ah ee aanu dadku shaqo ku lahayn maamulkiisa. Waa arrimo aan tegayn, si kasta oo aynnu isugu hawlno qalliin aan waxba tarin oo gabdhaha la marsho (gudniinka) ama wiilasha oo loo diro dal kale innaga oo u haysanna in ay u dhaqmi doonaan sida aan doonaynno! Dabci wanaagga qof ahaaneed iyo isxakamaynta nafeed waa xirfado aynnu ku ababin karno dhallinyaradayada, iyo innagaba. In kasta oo waaliddiintayada qaarkood marka ilmuhu si aan u qummanyn u dhaqmaan yiraahdaan, "Waa ay Maraykannoobeen oo wax maqli maayaan!", jawaabta aan siinayaa waxay noqon kartaa, "Waa carruur wali koryasa e aynnu marka hore ogaanno waxa ay dhibsanayaan." Dabeecadaha qaarkood, sida wiilka oo gabar saaxiibad ah yeesha ama gabdha oo wiil saaxiib ah yeelata waa arrimmaha bulshadeenna ka dhex jira. Haddaba, aynnu runta isu sheegno e, waxa aynnu u qabnaa in ay isu galmoodaan sow ma aha? Dhammaantayo saaxiibbo ayaynnu lahayn oo sheekaysan jirnay guurka ka hor, guur la isu kaaya doonay ha ahaado ama mid aynnu iskayo isu jeclaannay e. Haddaba, dhalinyaraduna waxay u baahnyanyihiin in ay fursad u helaan ay ku la kulmaan dhiggooda kale, laakiin (sida diintu qabto) galmada guurka horti ah waa xaaraan. Laakiin la soco in bii'ada lagu noolyahay ay tahay mid galmada dhiirrinaysa dhallinyarayadana mar kasta u ma talin karno oo ma ogaan karno. Si ay ahaataba, marka ay carruurtayadu pizza ka dalbanayaan makhaayadaha ama online-ka oo la wayddiiyo nooca ay doonayaan, waxay yiraahdaan ma rabno pepperoni ama wax hilib doofaar ku jiraan. Waa maxay sababtu? Sababtu waa innaga oo mar hore si cad u barnay, sidaa awgeedna waa ay garanayaan sida ay yeelayaan, haddii aan la soconno iyo haddii kalaba. Sidaa oo kale ayaynnu waxbariddooda galmada la xiriirta ka yeeli karnaa. Cadaadis-faceedka ayaa mararka qaarkood nagu khasba in aynnu waxyaalo xun falno. Markan oo kale dhallinyaradeennu waa ay u nugulyihiin cadaadiskaa, maaddaama aanu qalbaca hore ee maskaxdoodu (frontal lobe) aanu si buuxda u korin. La socoshada saaxiibka xuni waxay fududaysaa ku arooridda jidka Shayddaan, isgaguna sida caadada u ah falalka xun ayuu ina ku dhiirrigeliyaa. Alle waxa uu Qur'aankiisa ku sheegay, "Kuwa (xaqa) rumeeyow ha raacina Tallaabooyinka (camalka) Shayddaanka, isagu wuxuu faraa xumaanta iyo waxa la naco" (24:21). Laba eray oo aayaddan ku jiraa waa Munkar (xumaan) iyo Faxshi (xumaan mooraal ahaaneed). Munkar waa wax reebban (aan la oggolayn), wax la naco, falal xun, sida dilka dadka (iyo wixii la mid ah). Faxsha waa falalka ceebaysan, galmada aan sharciga ahayn, iyo wixii la mid ah. Dhammaan waxyaalahaasi maanta bulshadeenna waa ay ka dhex muuqdaan, dhallinyardana dhibkoodaa ku dhaca maaddaama dadka waawayniba ku dhex jiraan. Haddaba, waa sax oo dareennada doonista galmadu waa kuwo dhab ahaan u jira, Islaamkuna waa uu qirayaa. Nabi Maxamad (nnk) waxa uu dhallinyarada awoodda ku la taliyay in ay guursadaan kuwa aan awooddina in ay soomaan. Sidaa awgeed, soonku waa xeelad kale oo dareennada galmo doonka ah lagu xakameeyo. Waa sida aynnu Bisha Soonqaad (Ramadaan) u soonno oo xataa cunnooyinka xalaasha ah aynnaan cuni karin (inta qorraxdu soo jeeddo), si aynnu nafteenna u tababbarno isla markaanna u dareenno gaajada ay dareemaan dadka aan awoodin cunno ay ku noolaadaan.

Innaga, Muslimiin ahaan, waxaa la ina ka doonayaa in shan goor salad tukanno. Salaaddu waxay xal u tahay dhibaatooyin badan oo dhallinyaradeenna iyo innagaba na haysta, haddii aynnu si habboon oo niyad ah u gudanno. Ogow oo niyadu waa qayb ka mid iimaankayaga (diinta). Quraanku wuxuu inoo sheegayaa, "Salaaddu waxayka reebtaa (Dadka) Xumaanta iyo waxa la naco" (29:45). Faxshi iyo munkar iyo waxa ka dhashaba meel ay naga so galaan heli maayaan marka aynnu salaadda oogno. Waxaa dhici karta in aynnu aragno dad tukanaya ama masjidka ka soo baxaya oo haddana falalkaa ku kacaya! Dadkaa salaaddooda waxtar ma noqon waana in ay xoojinta iimaankooda ka shaqeeyaan. Diintayada (iimaanka) ayaa daciifaysa, waana sababta aanay salaaddayadu waxtar u noqonayn ducadayadana ay dhici karto in aan la aqbalin. Haa oo iimaankayaga waxaa yareeya ama kordhiya hadba camalladda aynnu falno. Waa sida saadaasha hawada oo kale: mararka qaar waa derejo hoose mararna waa derejo sare, laakiin derejooyinka iimaan toos u ma arki karno. Waxaa jira waxyaalo aynnu iimaankeenna ku kordhin karno. Waxaa ka mid ah ka fogaanta xaaranta iyo caawinta dadka. Waxa aaynnu si iska aah ugu shaqayn karnaa bulshada dhallinyaradayadana ugu boorrin karnaa in ay horumarinta bulshadooda ka qaybqaataan. Caawinta dadka kale waxaa ka dhasha mahadnaq, naxariis, dareenwadaagid, iyo iskaashi. Ka fogaanta xaaraanta waxaa ka mid ah in aanad cidna been u sheegin, Muslim iyo cid kalaba, si aad ajar ku hesho, iyo in aan indhahaaga hoos u dhigto (cawrooyinka aanad eegin). Waxba ina tari mayso iibsiga cunno xalaal ah haddii lacagta aynnu ku iibsanaynnaa ruuxeeda aynnaan waddo xalaal ah ku helin. Haddii aan tabaneeyajirradayda midkood wayddiiyo, "Maxaad u samayn wayday wixii aan ku faray daqiiqado ka hor?", jawaab kala duwan ayaa iiga soo laabta oo ku xiran hadba dabciga qof ahaaneed ee kooda ii jawaabaya. Mid isdifaacid ayuu ku jawaabaa, mid raalligelin, mid kalana wuxuu ku jawaabaa, "Alla, waan illoobay! Dhib ma laha, haddadan ayaan samayn!" Mararka qaarkood waxaynnu moodnaa in tobaneeyajirradu been sheegayaan, dhab ahaanse wax aanay xakamayn karin ayaa maskaxdooda ka guuxaya. Haddaba, sidee ayaynnu waalid ahaan uga caawin karnaa inta ay ka gudbayaan sannadahaa oo aynnu inta fahanno fursado ugu abuurnaa, halkii aynnu inta ku qaylinno dhibaatooyin kale u keeni lahayn, sida iskuulka oo laga cayrsho, xabsi, iyo waxyaalo la mid ah?

Haddii aynnu haddaba ognahay waxyaalaha dhallinyarada ku dhacaya, su'aashu waxay tahay; maxaynnu samayn karnaa si aynnu u yaraynno saamaynta dhibaatooyinkaa oo uga caawin karnaa in ay u adkaysi u yeeshaan? Theodore Roosevelt (madaxweyne hore ee Maraykan) ayaa wuxuu yiri, "Waxa aad awooddo samee, waxa aad heli kartana ku samee, hadba halka aad joogtana ka samee." Waaliddiin ahaan, waxa aynnu awoodno ayaynnu samayn, waxa aynnu heli karnana waannu ku smayn, inta aan karaankayaga ahaynna Allaa nagaga filan.

Cutubka soo socda waxa aan idin kula wadaagi doonaa ilo waxtar leh oo la adeegsan karo. Fadlan ka faa'iidaysta oo hadba baahidaada gaar ahaaneed ku salee. Qoys kastaa baahiyo u gaar ah ayuu leeyahay, tobaneeyajir kastaana waa la mid. Iska jira in aynnaan carruurteenna ka qaybgelin go'aaminta waxa aynnu samanaynno. U oggolow in ay ka qaybqaataan arrimaha waawayn oo ay xirfad u yeeshaan maamulidda waxyaalaha ay xiisaynayaan in ay sameeyaan waqtiyada ay firaaqada leeyihiin. Tobaneeyajirraddeenna Soomaaliyeed waxa ay mararka qaarkood ka maqan awood ay ku kala doortaan nashaadyo ay sameeyaan. Tusaale ahaan, ku-dhawaad dhammaan gabdhaha tobaneeyajirrada Soomaalida ah ee aan wayddiiyo, "Maxaad qorshaynaysaa in aad jaamacadda ka barato marka aad dugsiga sare dhammayso?" waxay tiraahdaa "waxaan noqonayaa kalkaaliso (caafimaad)." Xagaagii la soo dhaafay waxa aan la sheekaystay gabar dhowr iyo toban jir ah oo kalkaalsio ahayd. Jawaabteedu waxay ahayd in hooyadeed ay la doonaysay in ay kalkaaliso noqoto.

Tobaneeyajirradeennu waxay u baahanyihiin la talin ee u ma baahna xakamaynteenna. Waa khalad aynnu gelaynno marka aan ku niraahdo mihnad shaqo ee noocaa iyo noocaa ahi ma fiicna oo diintayada ayaan oggolayn. Iga rumayso, mararka qaarkood wax aan ku hadlo ayaan garan waayaa marka waaliddiin ii sheegaan in ay ilmahooda ku yiraahdeen jaamacadda maaddadaa ha ka dooran sabatoo ah diinteennu ma oggola. Fadlan aqoonyahan diineed wax wayddii inta aadan mas'alo diinta ku saabsan wax ka oran!

Hagidda ilmuhu waxay hirgashaa marka qof aqoon gaar ahaaneed u leh arrin uu qof kale ka caawiyo kor u qaaddidda aqoontiisa. Hagiddu waa arrin muhiim ah oo dadka badankiisu u adeegsadaan nolosha caadiga ah, waxbarashada, iyo shaqada. Carruurtayada iyo dhallinyarada maantu ma helaan adeegyada hagidda caqabado ka hor taagan dartood. Caqabadahaas waxaa ka mid ah la'aanta barnaamijyo horseedeed oo aqbalid iyo tixgelin dhaqameed leh. Dalka Maraykanka, barnaamijyada hagidda waa laga qaddariyaa waxaana jira dhawr barnaamij oo rasmi ah, sida 4-H oo lagu bixiyo hagid dhallinyada iyo carruurta yar. Hagiddu waxay kale oo noqon kartaa mid aan rasmi ahayn oo qof facaa ah, waaliddiinta, qaraabada, ama dad lagu kalsoonyahay oo bulshada ka mid ah ka iman karta. Qof kasta oo ilmahaaga hage u noqdaba, ogsoonow in aad adiga waalidka ahi mar kasta hagaha dhabta ah u tahaya ilmahaaga. Haddii aad hage u hesho waa hagaag, haddiise ay kugu adkaato adiga ayaa u noqon kara hagaha ugu wanaagsan dunida oo dhan! Hagayaashu ku ma dhashaan xirfadda hagidda ee waa ay bartaan. Iyaguba waxay heleen hagayaal soo gacanqabtay, adiguna sidaa oo kale ayaad tahay. Marka hore adigu naftaada hage u hel, sida qof kaa caawiya Tabaha ilmakorinta. Ka dib, marka aad dhawr siminaar qaadato iskuulkaagana xiriir la yeelato oo aad fahanto sida arrimuhu u socdaan, waxa aad bilaabaysaa in aad lmahaaga hagto. Waxa aad ka caawin kartaa xulashada fasallada ay isku qorayaan, dugsiga sare, mihnaddoodda mustaqbalka, mihnadda ay xiisaynayaan, nashaadyada faa'iidada u leh mihnaddooda mustaqbalka iyo wixii la mid ah.

Marka arrimuhu sida aad rabto noqon waayaan, u yeero saaxiib dhaw oo aad ku kalsoontahay oo wayddiiso in ay ilmahaaga hage u noqdo (rag iyo dumarba). Haddii aad hage xirfad rasmi ah leh bulshada ka dhex hesho waa ay kuu toostay, haddii kalana ha is dhigan oo ha sugin inta maalgelin bulshada laga helayo (adigu hawsha intii awood ah wad).

CUTUBKA SHANAAD

Waxbarashada: Diini (Islaami) ama Maaddi

Cutubkani waxa uu dulmar kooban ka bixinayaa habka waxbarasho ee Maraykanka iyo sidoo kale waxbarashada dhaqameed iyo tan Islaamiga ah. Iyada oo laga eegayo dhanka fahanka dhaqameed iyo habka waxbaarasho, waxa aynnu eegi donnaa waxbarashada la iska doonayo iyo ujeeddooyinka laga leeyahay. Waaliddiinta Soomaalidu waxbarashada sida ay u qaddariyaan wax kasta waa ay u huraan waxbarashada carruurtooda. Waxay doonayaan in carruurtoodu kuwa ugu derejo sarreeya maaddo kasta, iyaga oo isla markaana ku adkayanaya dhaqankooda hiddeed iyo kan diinta Islaamka.

Xaalka ay Hadda ku Sugantahay Waxbarashada Soomaalida ee Dalka Maraykanka

Waxa aan doonayaa in aan iftiimiyo xa aladda waxbarasho ee hadda jirta, si ay nooga caawiso fahanka awooddayada waalidnimo iyo sida aynnu hore ugu socon karno. Xiiligan la joogo carruurtayadu dhawr xarumood oo waxbarasho ayay wax ka bartaan, kuwaa oo ay ka mid yihiin iskuullada caadiga ah, dugsiyada dhammaadka toddobaadka la dhigto, iyo xarumaha xannaanada carruurta. Dabcan innaga waaliddiinta ah ayaa ah kuwa carruurta subuxu huradada ka kicinna oo xarumahaa geynna. Waana sax oo sidii Nelson Mandella yiri, "Waxbarashadu waa hubka ugu xoogga badan ee aad u adeegsan karto in aad adduunka wax ka beddesho."

Cutubka labaad waxa aynnu ku falanqaynnay muhimmadda ay leedahay waxbarashada sannadaha hore ee nolosha carruurnimo iyo sida xilliyada qaarkood ay fursado dahabi ah ugu yihiin carruurta!

Xilligan la joogo, carruurtyayadu 24/7 ayay sida mashiinka u shaqeeyaan. Maalmaha shaqo ee toddobaadka iskuulka caadiga ah ayay aadaan, iskuulka ka dibna waxay aadaan xarumaha laga caawiyo casharrada iskuulka laga soo siiyo, haddii 12 jir ka yaryihiin. Maalmaha aan la shaqayn (dhammaadka toddobaadka) waxay aadaan dugsi Quraan. Sidaa aan kala joogsiga lahayn ayuu xaalku isaga soconyaa, haddana waaliddiintu waxay sheeganayaan diiqad iyo daal badan!

Sheekadu wali ma dhammaan hadde! Carruurtaasi waxay tebayaan xiriir dhow oo ay si joogto ah u la yeeshaan waalidkood maaddaama ay waqtiga badankiisa gurigooda dibadda ay kaga maqanyihiin. Carruurtaasi waxay u nugulyihiin xanuunnada hurdo la'aan iyo nafaqo xumo dartood. Inta sannadaha tobaneeyajirka ay ku jiraan stress iyo depression ayaa hareeya carruurtaa, sida ay u la tacaalaanna waa uun sida ay ka arkaan in facood u la tacaalayo dhibaatooyinkaa; raadso koox aad ka mid noqoto, adeegsiga daroogooyinkana waqtiga isku dhaafi.

Bal malee iyada oo dhammaan xarumahaa waxbarasho iyo masjidyada ay carruurtu waqtigooda ku qaataan ay barbaarintooda ka qaybqaadan lahaayeen iyaga oo fursado waxbarashana siiyana! Xaaladdu aad ayay uga duwanaan lahayd qalalaasaha maanta taagan ee carruurteena iyo dhallinyaradeenna haysta. Jacaylka aynnu waaxbarasho iyo edeb u qabno xataa waxay na dhaxalsiiyeen in aynnu ilmaheenna Khasab ugu dirno dalkii aannu ka nimid, innaga oo u qabna in ay ka helayaa waxbarashada diineed iyo dhaqan ee innaga waalidkood ahi ku guuldarraysannay in annu barno ama u qabnay in ay dugsiyada dhammaadka toddoobadka la aado ay ka helayeen!

Dulmar ku Saabsan Habka waxbarasho ee Maraykanka

Haddii ilmahaagu dhigtaan iskuullada caadiga ah ee dawladda, kuwa charterka ah, kuwa gaarka loo leeyahay amaba guriga iskuulka loogu dhigo, waxaa jira arrimo asaasi ah oo ay wadaagaan.

Haddii ay si hoos dhow ugu fiirsato qoys kasta oo Maraykan ku nool, Meesha ay doonaan ha ka yimaadaan e, waxaa wareer ka haystaa nooca iskuulka carruurtooda ugu wanaagsan ee ay u doori lahaayeen iyo xirfadaha carruurtu u baahanyihiin si bulshada ay la noolyihiin u la qabsadaan. Halganka waxbarashada loogu jiraa waaliddiinta Soomaalida ku gooni ma aha, laakiin waaliddiinta qaarkood ayaa bartay sida jahawareerkaa loo xalliyo oo la kala xusho noocyada waxbarashada, si ay wax uun ugu yeeshaan go'aaminta waxa carruurtoodu baranayaan iyo cidda wax baraysa.

Waxaan xusuustaa sannadkii 2001 oo aan ka shaqayn jiray Iskuullada Dadwaynaha ee Minneapolis oo aan caawiye laba-afyaqaan ah ka ahaa. Waxaa jiray dhibaatooyin badan baska iskuulka ka dhex dhici jiray. Maamulaha iskuulka aan ka shaqaynayay ayaa iga codsaday in aan ilmaha baska kala raaco xaafadda Cedar Riverside oo ilaaliyo si dhibaatooyinka loo yareeyo. Qorshahaasi waa uu shaqeeyay. Cabooyinkii waaliddiinta naga soo gaari jiray waa ay yaraadeen, carruurtuna waxay iskuulka tegi jireen iyaga oo aan is dagaalin. Waagan hadda la joogo, dhibaatooyinkii baska iskuulka ka dhex dhici jiray waxay u gudbeen fasalladdii waxbarashada, taasina waxay dhalisay in macallimiinta badankoodu aanay fursad u helin waxbaridda carruurta ee ay ku mashquulaan xalliinta arrimo edebta la xiiriira! Waxaa yaraaday saacadaha ardaydu wax barato waxaana lagu yiraahdaa u fariista imtixaanno aanay diyaar u ahayn.

Marka natiijooyinka imtixaannada la keeno waaliddiintu arkaan in derejooyinka ilmahoodu heleen ka hooseeyaan sida caadiga ah, inta werweraan ayay macallimiin gaar ah u qabtaan, si ilmuhu u soo gaaro oo u la qabsado heerka fasalka uu dhigto. Haddaba, waxa aynnu halkaa ka aragnaa in macalliimiinta, waaliddiinta iyo ilmuhuba ay dhammaatood daaleen oo wareereen, isgaarsiinta ka dhexaysaana aanay toosnayn. Waxa aad is wayddiin kartaa, haddaba iskuul noocee ah ayaa wanaagsan, maaddaama waxbarashada asaasiga ah ilaa dugsiga (K-12) ay khasab ku tahay, saacadaha ardayda wax la baranayaana ay sii yaraanayaan? Haddaba, aynnu marka hore eegno sida sannadaha waxbarashada iskuulku u kala qaybsamaan.

"Waxbarashadu waa baasabboorka mustaqbalka, berritana waxay u sugnaatay kuwa maanta isu diyaariya."
- Malcolm X

Si ay ilmahaaga berri ugu sii diyaarinno, waa in aad awood u leedahay dhex jibaaxidda habka waxbarasho ee K-12. Waaliddiinta Soomaalida badankoodu, gaar ahaan hooyooyinka, waxay ku mashquulsanyihiin waxbarashada ilmahooda. Hase ahaatee, fahan la'aan ka haysata habka waxbarasho afka dalka lagaga hadlo oo ku adag ayaa ka hor taagan in ay si buuxda ula xiriiraan iskuulka. Waxaa jira waxyaalo yar yar oo aan la dhaadin, marka ay waxyaalahaasi uruuraanna waa ay adagtahay in la beddelo. Waxyaalahaa waxaa ka mid ah sida derejooyinku imtixannada laga helaa u shaqeeyaan iyo waxa carruurtuu fasaldugsiyeed kasta ku bartaan, iyo sidoo kale sida aad hadba ugu baahantahay in aad maamulka iyo macallimiinta la xiriirto.

Waxbasrasha K-12 (xannaanada ilaa dugsiga sare)

Dalka Maraykanka iskuulka xannaanadu khasab ku ma aha ilmaha, laakiin taa macnaheedu ma aha waa in aadan ilmahaaga xannaanada ku qorin. Fasallada kowaad ilaa shanaad waxaa lagu magacaabaa dugsiga hoose, lixaad ilaa siddeedaad waxaa lagu magacaabaa dugsiga dhexe, sagaalaad ilaa laba iyo tobnaadna waxaa lagu magacaabaa dugsiga sare. Dugsiga sare sannad kasta waxa uu leeyahay magac u gaar oo loo yaqaan. Fasalka sagaalaad waxaa la yiraahdaa "freshman", fasalka tobanaad waxaa la yiraahdaa "sophomore", fasalka kow iyo tobnaad waxaa la yiraahdaa "junior", fasalka laba iyo tobnaadna waxaa la yiraahdaa "senior." Carruurta waxa laga doonayaa in imtixaanka dawliga ah galaan laga bilaabo fasalka saddexaad. Inta fasalka saddexaad ka horreysa, waxay gelayaan imtixaanno macallimiintu ka qaado. Waxaa jira sannado ay maaddooyin dheeraad ahi la socdaan imtixaannada dawliga. Tusaale ahaan, waxaa aan ka shaqayn jiray barnaamij waxbarasho oo xilliyada iskuulka ka dib la dhigan jiray waagii aan joogay iskuulka Cedar Riverside Community School.

Waxa aan waaliddiinta u sheegi jiray in haddii ay carruurtoodu fasalka shanaad ama siddedaad dhigtaan u tababartaan maaddooyinka sayniska, sidoo kalana af-afka (luqadaha), ..., iyo xisaabta. Ugu dambayn, ogow waxbarashada sannadaha bilowga ah ee ilmahaaga (xannaanada) aan lagu khasbaynin laakiin ay aad muhiim u tahay. Marka ilmuhu saddex jirsadaan, waxaa lagu qori waxbarashada bilowga ah (iskuulka ka horreysa). Isku day in aad u hesho xarun barnaamijkeeda waxbariddu tayo sare leeyahay oo ay shaqaale aqoon u lehi joogaan.

Imtixaannada Semester-ka (afartii biloodba mar) ama quarter-ka (saddexdii biloodba mar)

Hadba iskuulka ay dhigtaan qaabka uu ku shaqeeyo, ilmahaagu waxay ay geliyaan imtixaanno sadeexdii biloodba ama afartii biloodba mar, macallimiintuna waxay ogeysiiskooda ku sheegi doonaan shirarka ay yeeshaan waaliddiinta iyo macallimiintu, waxayna ku siinayaan kaadhka horumarka waxbarasho ee ardayga. Kaadhkaa wax badan ayuu kaaga sheegayaa horumarka waxbarasho ee ilmahaaga. Waxa aad ka heli kartaa taariikhaha iskuulku shirarka qabanayo bilatiriska (calendar) xafiiska iskuulka yaal ama waxaa laga heli karaa degelka internetka iskuulku ku leeyahay (website). Haddii ilmahaagu guri-joogga wax ku barto (home schooling), dhammaan waxbixinnada horumarka waxbarasho iyo jadwallada bilatirisyada adiga waalidka ah ayaa lagaa rabaa in aad isku duwdo oo la socoto. Arrinku waa ka duwanyahay haddii aad ilmahaagu dhigto iskuul waxbarashadu online (internetka) tahay. Waxa uu la mid yahay waxbarashada gurijoogga a illeen waxaa lagaa rabaa in hubisa in ilmuhu dhameeyaan casharrada laga rabo maalin kasta, laakiin waxaa lagu siinayaa tabbabbar aad internetka (online) kaga daalacan karto kaadhadhka warbixinnada horumarka waxbarasho ee ardayga.

waalid ahaan, fahmidda habka iskuulku u shaqeeyo iyo inta goor ee ardayda imtixaannada laga qaado waxa ay kuu fududaynaysaa hawsha ilmakorinta. Xiriir iyo wadashaqayn xooggan ayaad ilmahaaga la yeelanaysaa, marka aad aaddo shirarka macallimiinta iyo waaliddiintana ilmahaaga waxaad kala sheekaysan kartaa in uu doonayo ka qaybgalka shirarkaa ama wax su'aalo ah qabo. Ilmahaagu waxa kale oo u kordhaya kalsoonida qof ahaaneed marka uu arko in aad danaynayso waxbarashdiisa iskuulka.

Aqoon la'aanta afku (luqada) in ay caqabad kugu noqoto ayaa laga yaabaa laakiin marka aad waxa aad samaynayso afkaaga ku fahanto in tarjumaan la helaa waa ay fududdahay, adigana aqoontaada afeed iyo xirfadda xiriirka wada-hadal ayaa sii xogaysanaya maaddaama aad su'aalo soo noqnoqonaya marka kasta is dhaafsanayasaan xafiiska maamulka iskuulka iyo macallimiinta.

Waxbarsahada K-12 waa aasaaska tacliinta sare oo dhan iyo mustaqbalka aad ilmahaaga la doonayso. Haddaba, xilli horaba ka qaybqaado oo su'aalo badan wayddii si aad u barato, maxaa yeelaay; marka aad habka waxbarasho sii fahantaba waxaa kugu sii kordhaya xiisaha aad u qabto in wax badan sii ogaato ayaa sii kordhaysa.

Imtixaannada Dawliga ah iyo Manhajka Waxbarasho

Markan waxaynnu diiradda saaraynnaa labada qiimayneed ee la kala yiraahdo Common Core iyo State Standards. Iskuulladu waxay adeegsadaan agab manhajeedyo kala duwan si ay u gaaraan heerka halbeegyada guud ee gobolka u deggan. Tusaale ahaan, gobolka Minnesota waxa uu leeyahay Halbeegyo K-12 (www.education.mn.gov/MDE/dse/stds/), kuwaa oo laga heli karo degelka internetka ee taliska waxbarashada. Imtixaanka sannadlaha ah ee gobolka Minnesota waxaa lagu magacaabaa "the Minnesota Comprehensive Assessments (MCA)." Xogtan iyo sidii aad ilmahaagu isugu diyaarin lahaa (imtixaankaa) waxaad ka helaysaa degelka internetka ee Waaxda Waxbarashada ee Minnesota. Waxaa kale oo jira wax lagu magacaabo Common Core (http://www.corestandards.org/read-the-standards/) oo gobollada badankooda raacaan. Halbeegyadaa waxaa loogu talagalay in ay hage noqdaan, manhajkana waxaa laga sameeyay halbeegyadaa uun.

Marka aad tusaale ahaan akhriso the Minnesota K-12

Academic Standards in English Language Arts, waxa aad ogaanaysaa in fasal kasta laga doonayo in uu gaaro heerar xirfadeed oo u cayiman inta aanu heerka xiga u gudbin. Hase ahaatee, marka aad eegto sida dhab ahaan iskuulka caadiga ahi u shaqeeyo, ardaydu heerarka xirfadahaa waxbarasho ma gaaraan sababo jira dartood, sidaa oo ay tahayna waa lagu imtixaanaa! Macallimiinta badankooda waqti ku filan arday kasta oo fasalkaa dhigta u ma hayaan. Sabab kale waxay noqon kartaa in ilmahaagu uu fasalkaa marka dambe ku biiray ama uu dalka ku cusubyahay. Waxa ay sababtu ahaataba, ka dhabaynta in ilmahaagu helo xannaano iyo waxbarasho xilli hore ah oo tayo leh oo aad u waddo maktabadaha akhriska iyo xarumaha waxbarasho waxay ka dhigaysaa arday ku guuleysta waxbarashada. Haddaba, iskuullada qaarkood waxay leeyihiin manhaj xooggan iyo shaqaale aad u wanaagsan. Faa'iidooyinka ka dhalanaya in aad ilmahaaga iskuulladaa ku qorto waxaa ka mid ah in uu arday aqoon ahaan dhisan noqdo iyo in uu jaamacadaha waawayn ee magaca leh u gudbo. Carruurtayadu ma helaan waxbarasho tayo oo xilli hore ah, sidaa awgeedna imtixaannada gobolka derejo hoose ayay ka keenaan, waxayna ku dhibbanyihiin dugsiga dhexe. Sidaa oo kale, marka ilmaheennu dugsiga bilaabaan la ma qabsan karaan heerka waxbarsaho maxaa yeelay waxa aanay soo baran fekradaha iyo maaddooyinka dugsiga dhexe qaarkood. Sidaa darteed, waaliddiinta Soomaalida ahi waxay lacag iyo dedaal badan ku bixiyaan sidii ay uga fogaan lahaayeen in ilmahoodu iskuulka ka saaqidaan ama ay dugsiga sare derejo hoose ka keenaan, maxaa yeelay waa muhiim (dugsiga). Waaliddiintu farxad ayay dareemaan marka ilmahoodu dugsiga sare ka qalinjebiyo, in ilmahoodu kulliyad ama jaamacad u socdo si uu dhaqtar, kaalkaaliye/kalkaaliso, ama qareen/sharciyaqaan u noqdana way ku faanaan.

Habsocodka Waxbarashada Gurijoogga

Markii aan dhawr sano ka hore bilaabay in ilmahayga iskuulka guriga loogu dhigo, waan welwelsanaa mana hubin in sidii laga rabay wax u barayo. Mar dambe ayaan ogaaday in aan intii laga rabay kaba sii badinayo! Markii hore, si degdeg ah in habraacyada qaar u boobsiiyo ayay noqotay, ka dib markii aan ilmahayga fasalka labaad ee iskuulka caadiga ah oo aana ku qancin ka reebay. Waaxda waxbarashada ee degmadayda ayaan la xiriiray oo u sheegay in aan doonayo ilmahayga in aan guriga wax ku baro. Foomamkii loogu talagalay ayaan ka soo qaaty oo buuxbuuxiyay. Dabadeed waa in aan soo gataa manhajka oo sannad-dugsiyeedkayga qorsheystaa. Markii aan sannadkii hore wax kasta kaligey samaynayay, waxaan u beddeshay iskuul charter ah oo online wax looga barto anigina waalid ahaan waxay shaqadadii noqotay Tababare Waxbarasho. Waxay ii soo direen agabkii manhajka waxbarasho, ilmahaygu waxay yeesheen macallin (homeroom), macallin xisaab, macallin saynid, iyo macallimiin kale. Waa sida iskuulka caadiga ah oo kale, laakiin gurigaaga ayaad wax ku baranaysaa macallimiintuna xafiisyadooda ayay joogaan, marka aad doontana waad la kulmi kartaa.

Gobolka Minnesota, waaliddiintu waxay haddii ay doonayaan xaq u leeyihiin in ay carruurtoodu guriga wax ku bartaan. Sharciga Minnesota ee jidaynaya waxaa laga heli karaa degelka www.revisor.mn.gov/statutes/?id=120b.31. Ka eeg faqaradda 4-aad xog ku saabsan waxbarashada gurijoogga ah. Fadlan sharciga gobolkaaga ogow haddii aad meel Minnesota ka baxsan ku nooshahay. Waxaad kale oo eegtaa degelka laga helayo agabka iyo xogta ay u baahanyihiin waaliddiinta doonaya in ilmahooda guriga wax lagu baro. Degelkaa waxaa kale oo laga heli noocyo kale oo waxbaridda ilmaha ah.

Tacliinta Sare

Tacliinta sare waxaa ka mid ah kulliyadaha iyo jaamacadaha. Kulliyadaha bulshada iyo kuwa farsamadu waa la bada sannadood. Haddii ardaygu dhammeeyo labadaa sano ee kulliyadda, waxa uu qaadanayaa shahaadada loo yaqaan associate's degree. Labada sano ee hore ee kulliyadda ardaydu waxay ku dhammayn karaan maaddooyinka laga doonayo in ay jaamacadda wayn ku galaan ama waxay ku baran karaan xirfado gaar ah, sida barashada kombuyuutarka ama kalkaaliye caafimaad, si ay shaqo u bilaabaan. Kulliyadda ka dib ilmahaagu wuxuu sii aadi karaa jaamacad afar sano ah oo uu shahaadada kowaad ka qaato. Haddii go'aansado in uu waxbarashada sare sii wato, waxa uu isku qori karaa waxbarasho jaamacadeed oo kale oo shahaadada heerka labadaad ama PhD ka qaato.

Marka ay galaan kulliyadda (jaamacadda hore), ardayda Soomaalida ah badankoodu waxay xaq u yeeshaan macaawino waxbarasho (dhaqaale) waxayse aanay ka war hayn in macaawinaadsii waqti ay dhammaato leedahay.

Haddii aanay waaliddiintu waxbarashada ilmahooda u talin waayaan ilmuhuna aanu waxbarasho kuliiyadeed diyaar u ahayn, laba arrimood ayaa dhaca:

1) In ilmahaagu bilaabo kiis iska waalid, saaxiibbo aan wanaagsanayn ku faraqxirto, isku dayo adeegsiga maandooriyayaasha, ama ku biro kooxo xagjir ah.

2) Ilmahaagu waxa uu ku habsaamayaa galaasyo aasaasi hoose ah oo uu muddo dheer ku jiro kulliyad loogu tala galay in 2 sano lagu dhammeeyo, macaawinadii dhaqaalaha waxbarasho ee muddada afarta sano ah loogu tala galayna way ka dhammaanaysaa marka uu ilmahaagu gaaro in uu jaamacadda wayn ee afarta sano ah u beddesho.

Waxaa dhici in qaarkiin mar hore arrimahaa arkeen oo ay is wayddiinayaan, "Waa maxay sababta ay muddo dheer u qaadaynayso in maaddooyinka aasaasiga guud ah ee kulliyadda lagu dhammeeyo." Haddaba, fahmidda dhawr waxyaalood oo ku saabsan habka waxbarasho ee jira, gaar ahaanna qaybta ay tahay in aad adigu waalid ahaan ogaato si aad ilmahaaga waxbarashadooda uga caawiso, waxay kaa baajin doontaa niyadjabyo dambe.

Sida ugu wanaagsani waa in aad marka horaba su'aalo badan dadka yaqaan ka wayddiisaa sidii aad habka waxbarasho u fahmi lahayd oo danahaaga uga fushan lahayd. Istiraatijiyadda aniga gaar ahaan ii shaqaysay waxay ahayd in aan kor ka soo bilaabo qorshaha. Ku bilow qorshaynta kulliyadda ama jaamacadda marka hore, ka dibna dugsi sare, dugsi dhexe, dugsi hoose, iyo waxbarashada dhallaanka ee bilowga ah.

Ka soo qaad in aad doonayso in aad qaadato shaahaadada dugsiga sare ama GED; waxa ugu horreeya ee maskaxdaada ku jiraa waa gaarida yool aad u wayn: waxa aan doonayaa in GED qaato si kulliyad u galo. Haye e, hadda waa in fasallo ESL ah isku qortaa. Macallimiintu waxay kuu sheegayaan in aad heer lagugu qiimeeyo gaarayso oo, tusaale ahaan, marka aad heerka lixaad gaarto in aad isu diyaarin karto GED. Qorshe ayaad dhigatay, haddii aad qorshahaa ku taagnaatana maalin uun ayaad GED-daada qaadan doontaa.

Haddaba, ka soo qaad in aad doonayso in ilmahaagu kulliyad galo oo xilliga loogu talagalay ku dhammeeyo, adiga oo aanay kaa lumin waqti, lacag, iyo tamar badan oo qaali ah. Haddaba qorshayntaa bilow, ilmahaaga iskuulkiisa isku hawl oo waxbarashdiisa door muuqda ku yeelo, ogow oo la soco fasal kasta waxyaalaga waxbarasho ahaan laga doonayo, hana ka sugin in macallin ama la taliye ilmahaaga jiheeyo. Adiguba la wareeg hawsha oo ka muuqo. Baro halbeegyada laga rabo waxbarashada bilowga ah ee dhallaanka yar, barnaamijka Common Core, iyo degellada internetka ee kulliyadaha iyo jaamacadaha Gobolka Minnesota (ama gobolka aad ku nooshahay). Adiga oo maanka ku haya yoolka wayn ee ah in aad ilmahaaga jaamacad gaarsiiso, waxa aan jeclaan lahaa in aad si caqliyaysan u fikirto oo hesho meelo sahlan oo aad u marto ka caawinta ilmahaaga gaaridda yoolashooda mustaqbal. Barnaamijka lagu magacaabo "The postsecondary enrollment option (PSEO)" ayaa ka mid meelaha aad adiga iyo ilmahaaguba si degdeg ah shahaadooyin kulliyadeed oo bilaash ah ku qaadan kartaan, haddii aad gobollada Minnesota ama Ohio (Maraykanka) ku nooshihiin.

PSEO waa u fursad muhiim ah ilmahaaga, waana in aad ka fikirtaa marka dugsiga dhexe la dhiganayo in aad uu ilmuhu derejooyinka ugu wanaagsan ku baaso. Anigu arrintan si dhib lahayd ayaan ku ogaaday. Waaliddiinteenna Soomaalida ah badanka waxaynu kulliyad (jaamacad) ka fikirnaa marka ilmuhu dugsiga sare gaaro, laakiin dhabtu waa in ay habboontahay in xilli horaba la isu sii diyaarsho.

Kulliyaduhu waxay adeegsadaan natiijooyinka imtixaanka fasalka siddeedaad ee Minnesota Comprehensive Assessments (MCA) oo ay ardayda ugu oggolaadaan in ay fasalka tobanaad (fasalka labaad ee dugsiga sare) ku bilaabaan waxbarashada PSEO. Sidaa darteed, waa in aad ogaataa fursadaha adiga waalid ahaan lagaa doonayo in la socoto oo aad ilmahaaga uga faa'iideysaa. Sida badanaa dhacda, PSEO waxay aalaaba ardaydu bilaabaan marka ay fasalka saddexaad (kow iyo tobnaad) ama afraad (laba iyo tobnaad) ee dugsiga sare ku jiraan, laakiin haddii aad doonayso in ilmahaagu fasalka tobnaad (labaad – dugsiga sare) isu diyaarintu waxay sida badan bilaabataa xilliga dugsiga dhexe, isla sida guul laga gaaro dugsiga dhexe ay ka bilaabato xilliyada waxbarashda hore ee dhallaanka.

Waxbarashada iyo Islaamka

Islaamku waxbarashada qiime sare ayuu siiyay waxana uu dhiirrigeliyaa in dadku cilmiga raacdaan. Dhab ahaan, aayadihii u horreeyey ee Alle Nabi Maxamad (nnk) ku soo dejiyay waxay xoojinayaan muhiimmadda waxbarashada. Innaga Soomaalida ahi waxa aynnu badanaa ku wareernaa marka aynnu doonaynno in aan ilmaheenna u doorno iskuul Islaami ah ama mid kale. Waxa aynnu isku khaladnaa aqoonta ruuxiga ah (diineed) iyo tan mooralka ah ee na la ku waajibayay, sida Salaadda iyo Soonka, si aynnu u waajibaadkeenna diineed u la gudanno wax-barashadeenna inteeda kale. Alle waxa uu Quraanka ku yiri, "Wax ku akhri Nabiyow magaca Eebe ee abuuray (Khaliqiga)"(96:1). Aayaddaa ugu horreysay Quraanku waxay ka hadlaysaa akhrinta Quraanka iyo barashada cilmiga asaasiga ah ee Alle lagu caabudo. Aayadaha saddex-aad ilaa shanaad ee isla suuraddaa waxay ka hadlayaan raacashada cilmiga aynnu ku noolaashaha dunidan ugu baahannay. Alle waxa uu yiri, "Akhri Eebana waa kan sharafta lehe. Ee dadka baray sida Qalinka wax loogu qoro. Dadka baray waxayna aqoon." (96:3-5). Quraanku wuxuu inoo sheegayaa in aynnu barano akhriska iyo qoraalka. Aayadda hore ee oranaysa "Akhri!" waxa ay xoojinaysaa akhrinta Quraanka, aayadda saddexaadna waxay tilmaamaysaa akhriska guud ahaan.

Barashada akhrisku waa ay ka horreysaa barasahada qoraalka waana waajib na saaran. Alle waxa uu aayadda afaraad ku yiri, "Ee dadka baray sida Qalinka wax loogu qoro", waana barashada qoraalka. Waxaa la is wayddiin karaa maxaynnu akhrinnaa oo qornaa Muslimiin ahaan, dad badanina waxay khalad u fahmeen gebi ahaanba ujeedka waxbarashada iyo raacashada cilmiga. Aayadda shanaad waxay leedahay, "Dadka baray waxayna aqoon." Waxay ka hadlaysaa cilmiga casriga ah ee dadku inta ay noolyihiin bartaan, ha ahaado shahaado jaamacadeed oo ay qaataan, daahfuridda teknoolojiyad cusub, ama ka qaybqaadashada horumarka xirfadeed, si aynnu kor ugu qaadno hawlagudashadayada. Quraanku wuxuu tilmaamayaa in waxbarashadu ay aad muhiim lagamamaarmaanna tahay, maaddaama bulshada aynnu ku noolnahay laga doonayo in qofku waxbarasho gaar ah oo ku habboon mustaqabalkiisa xirfadeed (shaqo). Aqoon la'aanteed sida loo tukado ma aannaan baranneen, mulukuyuullada biyuhu ka koobanyihiinna aqoon la'aanteed ma baranneen. Islaamku wuxuu si gaar ah u tilmaamaa saddex waxyaalood: akhriska, qoraalka, iyo aqoonta xirfadaha kale. Ma waxaynnu baran akhriska, qoraalka, iyo xirfado kale, dabadeedna sidaa ku deynnaa? Maya, Islaamku wuxuu farayaa waxbarasho qofka laga doonayo oo ku xiran hadba xaaladda iyo meesha la joogo, inta kalana waa hadba qofba inta uu doono. Sidoo kale, Wasaaradda (Waaxda) Waxbarashadu waxay leedahay waxyaalo la iska rabo iyo yoolal waxbarashadu higsanayso. Si kale hadii loo dhigo, bulsho kasta oo aad ku dhex nooshahay waxay u baahantahay siyaabo ay u qorsheysato kala hormarinta baahiyaheeda, hadba sida ay u kala muhiimsanyihiin.

Tan kowaad, qurbaha jog ama Soomaaliya e, ogow in Islaamku farayo in qofka Muslimka ahi aqoon asaasi ah yeesho fahmayana waxyaalaha laga doonayo iyo marka laga doonayo.

Waxbarashada waajibka ah waxaa lagu magacaabaa Fard Al-cayn, waxbarasho lagu khasbanyahay, taa oo lagaa doonayo in aad ilmahaagana barto. Mid ka mid waxbarashadaa faralka ah waxaa lagu magacaabaa Cibaadaad (cibaadooyin - aqoonta loogu baahanyahay caabudidda Alle). Marka cibaadooyinka laga hadlayo, waa in aad taqaan sharciyada iyo xeerarka Shanta Salaadood ee faralka ah, kuwaa oo ka mid ah Shanta Tiir ee Islaamka.

Tan labaad, gobol ama dal kasta oo aad ku nooshahay waxa uu leeyahay xeerar waxbarsho oo la iska doonayo. Tusaale ahaan, gobolka Minnesota, waxbarashada ilmuhu fasalka kowaad ilaa laba iyo tobnaan waa Khasab. Dabadeedna si loo sugo in ilmuhu waddadii waxbarasho ee la rabay ku taaganayahay, waxaa fasallda saddexaad ilaa laba iyo tobnaad laga qaadaa imitixaanka guud ee Minnesota Comprehensive Assessments (MCA). Ogsoonow in aanay jirin wax la yiraahdo waxbarasho maaddi ah (aan diini ahayn). Waxbarasho waa waxbarasho uun, Islmaamkuna wuxuu ku farayaa in aad barato akhriska, qoraalka, oo aad sidaa oo kale barato tiknoolojiyadda cusub iyo xirafadaha muhiimka kuu ah si aad bulshada aad la nooshahay u la falgasho oo wax uga dhex qabsato.

Weekend School waa iskuul ay carruurta Muslimiintu ka bartaan Quraanka. Dugsiyada noocaa ah ee Minnesota waxaa la dhigtaa Sabtiyada iyo Axadaha, laakiin meelo dalka ka mid waxaa la dhigtaa Axadaha kali ah, si carruurtu u helaan ugu yaraan maalin ay si waafi ah waqti ugu helaan qoyskooda, saaxiibbadood, iyo maadaddaalada ay u baahanyihiin. Barashada Quraanka iyo Carabiga, ka eeg arkayfka degelka (https://archive.org/details/ChildrensIslamicEducationalSeriesIslamicStudies-Grades01To12) oo ka qaado wixii kaa anfaca ama aad u adeegsan karto manhajka dugsiga dhammaadka toddobaadka la dhigto.

Buugaggu waxay u kala qaybsanyihiin fasallada kowaad ilaa laba iyo tobnaad, laakiin adigaa ilmahaaga macallin u ah. Ka adeegsto wixii aad u bogto.

Adeegyo kale oo lacag ahna waad heli kartaa oo aad ilmahaaga uga caawiso barashada Quraanka iyo Carabiga. Maktabadda (akhriska) xaafaddaada ayaa iyaduna meel wanaagsan oo aad ka amaahan karto qalabka waxbarashada dhaqameed, haddii aanay haynna waxaad maktabadda u tilmaami kartaa ama adiguba buugag ka dalban kartaa degellada internetka ee aad xiiseyso.

Haddii aad doonayso barashada af Carabiga, waxaa jira barnaamij internetka ku jira oo la yiraahdo Transparent Language oo kaa caawin kara, haddii aad iska qortana waxaad soo degsan kartaa app-ka oo aad telefoonkaaga ama iPad-kaaga ku shuban karto. Barnaamika waxaad bilaash ugu geli kartaa kaadhkaaga maktabadda. Waxaad ka helaysaa agab waxbarasho oo aad manhajkaaga ku kabato, mar kastana waa in aad macallin ku habboon u heshaa si ilmahaagu u barto aqoonta aasaasiga ah ee Islaamka: Shanta Tiir, Siirada, iyo kitaabbada Afartan Xaddiis, Riyaadu Saalixiin, iyo sidoo kale Tafsiirka Quraanka.

Taladayda u dambeysa ee Dugsiga ku saabsani waa in aad macallinka si fiican isu barataan, si dhab ah u baro macallinka ilmahaaga wax baraya, goobaha wax lagu baranayana iskaa wax u qabso uga shaqee. Iga rumayso oo la-joogitaankaagu macne wayn ayuu u leeyahay. Halganka macallimiintu waxbaridda ilmaha ugu jiraan iyo halganka ilmahaagaba waad arkaysaa iyo waxa aad ka qaban karto. Samaysta urur waalid oo ka wada hadla ilmihiinna iyo waxbarashadooda. Xusuusnow oo markii dalkii la joogay macallimiinta ayaynnu ku tiirsanayn, laakiin marka qurbaha la joogo waa in aad adigu u taagantahay mark kasta nolosha ilmahaaga, iskuul ha noqoto ama dugisga e. Haddii berri ka maalin wax dhacaan (Alle ka ma dhigee), adiga waalidka ah ayay hay'adaha dawladdu kaa la xisaabtamayaan, dhibkuna adiga ayuu u kuu gaar yahay.

Waxbarashada Ilmahaaga Cidna ha ku Hallayn

Maanta waxa aynnu fasallada waxbarasho ee ilmaheenna ka arki karnaa in macallimiintu ku wareersanyihiin arrimo edebta la xiriiraraana ay waqtigigoodii waxbaridda wada qaadanayaan! Iskuullo badan ayaa adeegsada caawino dheeraad ah (grants) si ay u yareeyaan dhibaatooyinka edebta ardayda ku saabsan, taa oo macallimiinta siinaysa waqti ku filan oo ay ardayda wax ku baraan. Hase ahaatee, ardayda dhibaatooyinka edebeed haystaan waxay waayi ka qadi karaan waxbarashada fasalka caadiga ah ka socota. Macallimiinta qaar ayaaba bilaabay adeegsiga manhaj waxbarashada edbinta ku salaysa.

Waalid ahaan, adiga ayaa ka masuul ah ilmahaaga. Taa macnaheedu wuxuu noqon karaa waxbarasahda, quudinta, nabadgelyada, ama bii'ada ay ku noolayaan. Adiga sidoo ah u ah qofka uu ku dayanayo, dhiirigeliyaha, iyo macallinka. Xusuusnow in weedha "parenting style" (qaab ilmakorineed/waalidnimo) ay ka dhalatay u kuurgelidda waaliddiin carruurta la jooga. Waxa aan jeclaan lahaa in aad ka fikirtaan tayada wax kasta oo aad ilmihiinna la doonaysaan. Haddaba ka fikir sidii aad qayb firfircoon uga qaadan lahayd iskuulka ama dugsiga ilmahaaga, dhiirigelintooda, ku quudintooda cunno tayo leh, ugana caawin caawin lahayd barashadaha xirfado noloshooda anfaca.

Xirfadaha nololeed waa u muhiim waxbarashada. Ilmahaagu wuxuu u baahanyahay debci wanaagsan si uu dadka ula dhaqmo. Macalliimiin iyo tababaraayaal badani waxay waaliddiinta ka filayaan in ay ilmahooda ku ababiyaan dabci wanaag oo ay iskuulka u soo diraan iyaga oo malaa'ig la moodo. Haddaba, waxa aynnu ognahay in debci wanaagsan la'aanti ay adagtahay raacidda tilmaamaha waxbarasho, barashada wax ku anfaca, iyo in dadka la la dhaqmo. Ilmahaaga waxa aad kaga caawin kartaa in uu sida ugu wanagsan uga faa'iidaysto waxbarashadiisa adiga oo ka qayb qaata oo ku xirma iskuulladooda iyo nashaadyadooda.

Islaamku wuxuu qabaa in adiga waalidka ahi ay ku saarantahay masuuliydda ilmahaaga. Waa sax oo marka wax kastaa sida loogu talagalay u shaqaynayaan bulshadu masuuliyadda qayb ayay ku leedahay, laakiin innaga waaliddiinta ah ayaa ah kuwa la shaqaynaya bulshada, iksuullada, dugsiga, xarumaha bulshada iyo inta la midka ah.

Waxaa jira istiraatijayado badan oo ay waaliddiintu u adeegsan karaan dhisidda debciga ilmahooda (edebta). Waxaa ka mid ah tusaalaynta, u sheekaynta, iyo shaqooyinka iskaa wax u qabsada ah ee bulshada. Dabcan, tan u horreysaa waa in aad ilmahaaga adigu tusaale muuqda u noqotaa. Tusaale ahaan, haddii aad ilmahaaga u sheegto in aanay beentu wanaagsanayn oo uu maalin maalmaha ka mid ah ku maqlo adiga oo taleefan ku hadlaya oo wixii aad u diidday ku hadlaya, waanadaada ilmuhu yeeli maayo. Waxaad kale oo hadba bari kartaa caado wanaagsan. Caawinidda dadka kale waa caado qoyska oo dhami ku dhaqmi karo. Tusaale ahaan, xilliga iskuulka ka dib macallimad ballanso oo ka caawi in aad qolkeeda la nadiifiso.

U sheekayntu waa adeeg aad u wanaagsan oo ilmahaaga ku bari karto qaayasoorradaada, dhaqankaaga, iyo sidoo kale dhaqannada dadka kale. Akhri taariikhnololeedka Nabi Maxamad (nnk) oo ka dooro sheeko ku saabsan caado aad doonayso in aad barto ilmaha. Wada akhriya oo ka wada hadla. Tusaale ahaan, "Amminnimada" (Al-Amiin) waa naanaystii Nabiga. Wayddii ilmahaaga sida qofku aammin ku noqon karo. Waayadan waxaynnu eraygaa u adeegsannaa arjiyada shaqada lagu codsado, waana wax shaqabixiyayaashu qiimeeyaan. Aammin iska ma yeelyeeli kartid, in la noqotaana waqti ayay qaadataa. Raadso buugag ay ku qoranyihiin sheekooyin ka sheekaynaya isu damqashada, iskaashiga, naxariista, qaayasoorrada la wadaago, sida "Xeerka Dahabiga ah" (the Golden Rule). Xeerkani waa kan aan ugu jecelahay maxaa yeelay waxa uu Meesha ka saarayaa fikradaha qaarkood ay ilmahayagu bartaan.

Tusaale ahaan, ilmahayagu waxay ku wareeraan marka aynnu baraynno Xaddiiska oranaya "deriskaaga wanaag ku la dhaqan." Badankoodu waxay u qabaan in aynnu ka wadno deriska Soomaalida ama Muslimka ah oo kali ah. Badanaa ma arkaan dadka ka waawayn oo la dhaqmaya deriska aan Soomaalida ama Muslimka ahayn. Shaqada ama iskaa wax u qabso uga dhex shaqaynta bulshada iyaduna waa si kale oo aad u wanaagsan oo aad debciwanaagga ku bari karto. Shaqada iskaa wax u qabsada ah mushahar laga ma qaato, ilmahaaguna waxa uu baranayaan in mararka qaar aynnaan u baahnayn in shaqada aynnu u qabanno bulshadeenna lacag la ina ku siiyo. Arrintani waaba xirfad ay iskuulladu adeegsadaan waayadan dambe. Waxaad arkaysa iskuullada iyo kulliyadaha qaarkood oo shuruud ka dhigaya in ardaydu iskaa wax u qabso bulshada ugu shaqeeyaan waqti ama saacado cayiman. Dhab ahaan, arrintani waxay mararka qaar fududayn kartaa helida fursado waawayn oo ka mid tahay helidda deeqo waxbarasho. Debciwanaagu ilmaheenna ka ma caawinayo waxbarashada oo kali ah e qof kasta ayuu anfacayaa, xataa adiga waalidka ah. Macallinka iskuulka u dhiga wuxuu ka caawin karaa in uu si fiican wax u baro, adiguna marka ilmahaagu kuu dheganugulyahay waad ku farxaysaa, dadkuna waa ay u bogayaan oo caawinayaan ilmahaaga. Dabciwanaaggu waa xirfad la isu sii dhiibo oo ilmahaaga anfici doonta noloshiisa oo dhan. Waa in aynnu fahannaa in imaam macallin dugsi noqon karo laakiin macllimiinta dugsiyada oo dhammi aanay imaamyo wada ahayn. Sidaa oo kale, masjidku dugsina waa uu noqon karaa laakiin masjidyada oo dhammi dugsiyo ma wada aha. Waxa aan hubaa in mid ka mid ah sababaha ugu waawyan ee waalidiinteenna Soomaalida ahi ilmaha "hallaabay" u dhoofinno tahay in aynuu la raadinoo waxbarasho edbineed (dabciwanaagga ka dhista ilmaha). Waa muhiim in ay waaliddiintu arintan fahmaan, maxaa yeelay marka dugsiga dhibaatooyin ka dhacaan waxay isla markaba u malaynayaan in imaamka ama maamulaha masjidku uu wixii dhacay masuul ka yahay, haddii dugsi masjid ku dhex yaal,

Tani waxay noqon kartaa laba ilmood oo dagaal dhex maro ama dugsiga dhexdiisa oo la isku caayay. Haddaba, imaam ayaa mararka qaarkood macallin dugsina noqon kara, dugsina dhismihii la doono ayaa lagu dhigi karaa. Sidaa awgeed, si fiican u baro macallinka iyo maamulaha xarunta marka ilmahaaga aad dugsi ku qorayso. Markan oo kale, haddii wax dhacaan, waad taqaan qofka aad wacayso ama la hadlaydso iyada oo aan masjidka la eedayn, sababta oo ah masjidka bulshada oo dhan buu ka dhexeeyaa ee qof gooni ahi ma laha.

Marka aynnu debciwanaajinta ka hadlaynno, innaga kali dhib ina ka ma hasyto. Iskuullda Maraykanku waxay u baahanyahyihiin barnaamijyo waxbarasho oo debciwanaajinka ku salaysan. Innaga waallidiinta ahi awood badan ayaynnu leennahay, haddii aynnu iskaashanno oo tamarteenna midaynno. Waxa aynnu u baahannahay in ay la muwaaddiniinteena kale ee Maraykanka ah la shaqayanno si aynnu iskuulladeenna uga dhigno goobo ilmaheennu debciwanaagga ka bartaan inta ay korayaan.

Xadgudub Galmeed (Faraxumayn)

Xadgudubka galmeed waxa uu sii noqonyaa dilaaga qarsoon ee dhallinyarada iyo carruurtayada. Ka wadahadalka galmada iyo waxbarashada galmada ku saabsan aad baa looga xishooda oo waa laga cadaadiyaa bulshada dhexdeeda. Xadgudubyada dhaca badankooda waxaa sababa aqoon la'aan dadka ka haysata xuquuqda dumarka iyo carruurta dilaayada qarsoonina waxay ka faa'iidaystaan aammusnaanta bulshada, markaa oo ay awooddooda u adeegsadaan in ay kufsadaan oo faraxumeeyaan dumarka iyo caruurta. Waxaan maqlaa xadgudubyo ay ka sheekeeyaan waaliddiin walwalsan, gaar ahaan hooyooyin, anigana aad ayay ii dhibaan dhacdooyinkaasi maaddaama aan hooyo ahay bulshada Soomaalidana ka tirsanahay. Waxa aan ka mid ahay bulsho takoorta (ceebaysa) xanuunka dhimirka iyo soo hadalqaadka xadgudubka dumarka iyo carruurta lagu la kaco, nooc uu doonaba ha ahaadee.

Maalin ayaan saaxiibbaday midkood iska wayddiiyay, "Sidee ku ogaanaynna haddii carruurteenna la faraxumeeyo?" Waxaan doonayay in ra'yigeeda ogaado maaddaama ay ilmo yar yar haysato kana hadlanaynnay wiilal iyo gabdho tobaneeyajirro ah oo galmo ahaan loo faraxumeeyay. Jawaabaheedii waa ay iga yaabiyeen isla markaana i muujiyeen rejo aan ka qabo in waaliddiinta Soomaalida ahi ay aad uga walwalaan badbaadada ilmahooda waxbarashadooda iyo korriimadoodana ka fikiraan. Laakin hal wax oo naga maqan ayaa ah sidii aynnu caawin u heli lahayn ama ilmaheenna ugu diyaarin lahayn sida qummman ee ay ku meelmari karaan. Hooyadaasi waxay igu tiri, "Ma ogtahay Ruqiyo, haddii gabar la faraxumeeyo waa caadi, laakiin in ay taasi wiil ku dhacdo aad ayay u xuntahay. Waxaa wayddiiyay, "Maxay aad ugu xuntahay?" Waxay ku jawaabtay, "Waa wiil oo marka uu waynaado ayaanu ragannimo yeelanayan. Si aan taa uga hor tago, mar kasta oo uu wiilkaygu guriga yimaado musqusha ayaan la galaa u mayraa (Islaamku wuxuu qabaa in marka mushqusha la galo najaasada la iska mayro). Haddii uu 'aa!' yiraahdo in wax ku dhaceen ayaan ogaan. Meeshu in ay guduudatay ayaan ka eegaa su'aalana waan wayddiiyaa oo iskuulka uu dhigto ka saaraa."

Sheeko kale oo xanuun leh oo ayaan maqlay oo dhawr sannadood ka hor dhacday. Hooyo ayaa ka shakisay in marka ay shaqo aaddo ninkeedu gabadheeda faraxumeeyo. Maalin ayay gabadheedu iskuul ka timid, hooyaduna waxay iska dhigtay wax shaqo aadaya. Hooyadii ayaa in yar ka dib soo laabatay oo gurigii soo gahsay, dabadeedna waxay maqashay gabadheedii ee qol kale ka qaylinaysa. Waxay ugu tagtay oo indhaheeda ku aragtay ninkeedii oo gabadheedii kufsanaya! Hooyadii ayaa qaylisay ninkeediina waa uu cararay!

Sheekada ugu dambaysa ee aan doonayo in soo gudbiyaa waa hooyo mar ay shaqo ka timid ilme yar oo ay dhashay ku aragtay qufac iyo matag aan caadi ahayn. Qofkii ilmaha u hayay oo ay saaxiib ahaayeen ayay wayddiisay cuntada ay ilmaha siisay iyo waxa dhacay. Qofkii ilmaha hayay in uu caano kali ah siiyay ayuu sheegay. Hooyadii ayaa 911 wacday, ilmihiina dhakhtarka ilmaha ayaa shaybaar mariyay. Jawaabtii shaybaarku waxay sheegtay waxa ilmuhu matagayay ay shahwo ahayd! Qoftii ilmaah haysay waxay qiratay in ay saaxiibkeed muddo gaaban oo ay dukaanka wax ka soo gadanasay uga tagtay. Haddaaba, dhacdooyinkaa iyo kuwo la mid ah ayaa igu baraarujiyay xadgudubyada faraxumaynta ah ee dhaca, waalliddintuna waa ay ka warqabaan. Dabcan dambillayashaa dhammaantood damyadadoodii ku ma nabadgeline sharcigaa la marshay, laakiin midda aan ka walwalsanahay ayaa ah dhaawacyada maskaxeed ee ay u geysteen qoysaska iyo carruurta. Waxaa iyaduna dhib ah ka wada hadlidda arrintan maxaa yeelay waxaynnu ku noolnahay bulsho, tusaale ahaan, hooyo ilmahadeedii ku wayday iskuul hoy ah (boarding) ku leh haddii geerida wiilkeeda aad dawladda u sheegtid waa lagu xirayaa! Ma dhawin marka laga hadlayo ilaalinta carruurteenna iyo in aynnu baranno wixii aynnu yeeli lahayn marka wax hallaabaan. Carruurtaa iyo dhallinyaradaasi waa hoggaamiyayaasheenni mustaqbalka. Haddii aynnaan bedqabkooda u ilaalin qof ahaan iyo guud ahaanba, bulshada jahawareer ayaa ku dhacaya. Gabdhahayaga dugsiyada sare dhigta kuwo badan ayaa ilme laga soo ridaa, dhaqankeenna aammusnaanta iyo ceebaynta gabdhaha dartiina gabdhuhu xadgudubka galmeed ee lagu la kaco way qariyaan, wiilashuna ma joojiyaan in ay gabdhaha khashkhashaadaan! Waxa aynnu u baahannahy xal mustaqbalka dhow iyo kan fogba ku salaysan oo arrimahan lagu xalliyo. Sidaa oo kale, Ilaah xaalkayaga beddeli mayo ilaa aynnu innagu is beddelno. Waxa aan soo jeedinaya talooyin dhawr ah, idinkuna waxaan sidoo kale rejaynayaa in aad qorshayaashiina la timaaddaan.

- Bar ilmahaaga, wiilal iyo gabdhaba, in jirkooda ay iyaga oo kali ahi leeyihiin oo aanay cid kale la lahayn.

- Hubi in gabadhaadu aanay la socon rag aan muxrim u ahayn (geya).

- Waalid ahaan, baro calaamadaha lagu garto xadgudubyada carruurta lagu la kaco oo diiwaangeli xogaha ilmahaagu kuu sheego, waxa aad aragtay, goorta aad aragtay, iyo dadka ku lug lahaa.

In badan oo ilmaheenna ka mid ahi ma kala yaqaannaan waxa ay kala yihiin taabsho wanaagsan iyo mid xun. Waxyaalahaas iskuullada ama xarumaha bulshada ayaynnu ku bari karnaa. Iyada oo loo eegayo da'da ilmaha, waxaynnu adeegsan karnaa hadal ku habboon heerka maskaxeed ee ilmaha oo ku tusi karnaa waxa ay taabasho wanaagsan iyo mid xun kala yihiin. Waxaan kale oo u baahannahay in aynnu ilmaha kalsoonidooda dhisno, maaddaama dambiilayaashu ilmaha u dhaartaan marka ay faraxumaynayaan. Waxaa laga yaabaa in ay ku yiraahdaan, "Haddii wixii aan falay aad qof u sheegtid, adiga ama qoyskaaga ayaan dilayaa." Marka ilmuhu kalsooni kaa helo waxay ku dhiirranayaan in ay kuu sheegaan dadka ku xadgudba, qof uu doono ha ahaadee. Arrinatni xataa tabaneeyajirrada waawayn way khusaysaa. Marka nolosha tobaneeyajirka wax ka khaldamaan oo aanay lahayn qof ay u sheegtaan, way isku buuqayaan, taa oo saamayn ku yeelanaysa waxbarashadooda iyo noloshooda kalaba.

Mararka qaarkood, waaliddiinteennu waxaynnu u qaadanna in tibaneeyajirku caasi yihiin marka ay hadal nagu soo celiyaan, laakiin mararka qaar xadgudub loo geystay ama xanaaq ay qof kale u qabaan ayaa ka keena in si waalan u dhaqmaan ama jahawareeraan. Ku dadaal in aad tobaneeyajirkaaga xirrikiinna waalidnimo dib u hagaajiso marka aad dareento in uu debcay.

Innagu, Soomaali ahaan, waxaynnu qiimaynnaa qabiilooyinka iyo tolnimada, mana xuma haddii wanaag loo adeegsaayo. Waxay aynnu in badan adeegsannaa erayga "ina-adeer", ilaa ilmaheennu ku wareeraan inta ilma.adeerro aynnu leennahay! Badankeennu waxa aannu nahay dad is la nool, sida awgeedna marka qof ehel ahi magaaladaada ama gobolkaaga kugu soo martiyo waxa aad dareemaysaa in aad ku khasbantahay martigelintiisa ilaa uu qofkaasi helo meel uu dego ama aado.

Haddaba, su'aasha jawaabteedu adagtahay waa "in la martigeliyo iyo in kale" oo aan leeyahay sida ay aad ka badin waydo yeel! Xadgudubyada badankoodu waxay ka yimaadaan qof ehel (ama qaraabo) ah, waayadan dambana maadaama adeegsiga maandooriyayaashu bateen, sida shiishada iyo mukhaaradaad kale, waxa aan maqlaa niman muxrimyo ah oo inta sakhraama carruurta iyo dhallinyarada faraxumeeya! Waxaa dhici karta in indhuhu ku taagmaan oo aad tiraahdo waa xaaraan. Haddaba, waxaa jeclaan lahaa in aad iyadana ka fikirto cidda daroogooyinku xalaal tiri illeen xaaraani xaaraan uun bay dhashaaye, mana malaynayo in qof sakhraansan ogyahay diin uu hasyto iyo in qofka hortiisa taagani ilme yar ama xaaskiisii! Adiga ayaa waalid ahaan masuul ka ah wixii ilmahaaga ku dhaca xilna kaa saaranyahay in aad mar walba ka war hayso calaamadaha faraxumayn ilmeed sheegaya.

Waxaa jiraa dhawr calaamadood oo lagu garto in faraxumayni jirto. Sida Mayo Clinic sheegay, calaamadaha faraxumaynta galmeed muujinaya waxaa ka mid ah socodka iyo fadhiga oo dhiba, dhiig nigiska lagu arko, iyo sheekooyin galmo oo wayn heerka da'ed ee ilmaha (2018). Ilmaha qaarkood waxaa dhacda in ay diidaan oo markaa dambiilihu u xoogsheegto.

Ilmuhu wuxuu la soo baxayaa dhibaatooyin dabci qallaafsanaan ah wuxuuna isku deyaa in uu guriga iyo iskuulaba ka carrao, gaar ahaan marka wiilasha la faraxumeeyo dhibkuna iskuulka ka dhaco. Ragga qaarkood ayaa xataa xarumaha waxbarashada taga oo ilmaha ka ugaarsada. Haddaba, haddii ilmahaaga aad ku aragto isbeddel dabci oo degdeg ah, joogto oo fikir! In aad ku guuldarraysato ilaalinta badbaada ilmahaagu kali ah siin mayso fursad uu dambiiluhu faldambiyeedkiisa ku sii wato e waxay kale oo kalsooni darro idin ka dhex abuuraysaa adiga iyo ilmahaaga. Haddii dad kale ogaadaan waxa dhacay oo dacweeyaan, ama ilmahaadu gudbiyo, sharciga ayaa ku qabanaya. Sidaa oo kale, maaddaama adiga ilmahaa Alle masuul kaaga dhigay, Maalinta Qiyaame waa lagu wayddiin!

Kalajeclaysiga Wiilasha iyo Gabdhaha

Sida aynnu dhaqan ahaan wiilasha iyo gabdhaha si kala duwan u la kala dhaqanno qayb wayn ayay ka qaadataa dhibaatooyinka carruurta bulshadeenna hadda haysta. Waxay kala lahaan jirnay shaqooyinn kala iyo waayo deegaanno kala duwan, in habkii hore ee dugoobay lagu socdaana shaqayn mayso. Sida aynnu ognahay, waxaynnu samayn jirnay gudniinka gabdhaha, sababo dhawr ah dartood. Gudniinka gabdhuhu wuxuu ahaa hab gabdhaha kufsi looga ilaaliyo! Waxay adkaynaysay in raggu gabdhaha fudayd ku la galmoodaan oo iska tagaan. Sida oraah hore ahayd, dumarku waa cad hilib ah, ragguna waa sida dhurwaayada. Waxaan uga dan leeyahay, sidii aynnu 2017 araganay, dumar badan ayaa kor u hadlay oo ka dhiidhiyay xoogsheegashada galmeed. Waxa aynnu TVyada ka aragnaa ololoyaasha ay ka mid yihiin haashtaagyada #metoo iyo #timesup, wali waxaan sugayaa waaga Soomaalidu oran doonto #timesup shaqaaqo qoyseed iyo in aynnu joojino in aynnu waqtigeenna iyo fikirkeenna ku luminno in aan u malaynno xadgudub qayaxan oo la isaga dulqaato janno lagu galo!

Wax badan ayaa inoo ku laaban bulsho ahaan marka laga hadlayo khashkhashaadaha galmeed! Waalid ahaan, waxa aynnu ognahay in cadaadis wayni ku yimid oo aad looga soo hor jeestay gudninnika gabdhaha, gobolka Minnesotana waxaa jira xeer la doonayo in la ansixiyo oo golaha sharcidejinta wayddiisanaya in sharcidarro laga dhigo qofkii falkaa in uu carruur ku la kaco lagu helana sharciga la la tiigsado. Arrin kale oo aynnu falno ayaa ah in shaqada guriga gabdhaha loo diro wiilashana waxbarashadooda in ay xoogga saaraan loo oggolaado. Waxa aan caqliga gelayni waa in aynnu falkan ku kacno innaga oo warmoog ah oo illowsan in doorka wiilashu ahaan jiray qabashada shaqooyinka dibadda looga baahdo. Wiilashu waxay kale oo u xilsaarnaayeen difaacidda dumarka iyo gabdhaha e inta dagaan oo ka faa'iidaystaan ma faraxumayn jirin, sida aynnu qurbaha ku aragno!

CUTUBKA LIXAAD

Tasiilaad: Dad iyo Qalab

Buuggeenna waxa aynnu ku soo gebagebayn cutub sida aan rejaynayo waalid ahaan aad ka heli doonto talooyin iyo tasiilaad ku anfici doona. Waxa aynnu xoogga saaraynnaa sida loo yeesho dad aad isku xirantihiin oo is-kaalmaysataan, kuwaa oo saaxiibbo iyo xirfadlayaalba isugu jira oo aad u adeegsan karto hab caawinaadeed aad ku tiirsantahay.

Sannadkii 2002 ayaan ilmahaygii labaad ku ummulay dalka Maraykanka. Habeenkii kowaad ee aan isbitaalka u hoyday ayaan subax hore kacay, mase kaligey ayaa qolka jooga! Markaa ayaan badhanka caawinaadda tuujiyay oo kalkaalilayaal wacday. Markii ay kalkaalsadii ii soo gashay ayaan inta indhaha ku fiiqay ku iri, "Mee ilmahaygii?" Waxay ii sheegtay in xannaannada dhallaanka ee isbitaalka la iigu hayo si aan uga nasto oo hurdo fiican u helo. Waxaan ugu jawaabay, "Maya, mahadsanidin, in uu qolkayga i la joogo ayaan rabaa ee ii keena hadda!" Qolkaygii ayay iigu keentay, markaana inta nuujiyay ayaan dhunkaday canuggaygii. Markii xilligii qadada loo dhawaa, dhakhtaraddii waadhka ayaa qolka iigu timid oo cabbaar i la hadashay. Mar dambe ayay igu tiri, "Kaalay ku soo tusee xannaanada kalkaaliyaashu dhallaanka ku hayaan inta hooyooyinku hurdaan." Halkii ayay i soo tustay. Waxa aan wayddiiyay, "Oo sidee ayaan ilmahayga kuwa kale kaga garanayaa?" Dhab ahaan, dhammaantood wajiyadoodu waa isu la kay ekaayeen. "Magaca hooyadood ayaa gacanka ugu qoran" ayay igu tiri. Waxay ii raacisay, "Hooyo wanaagsan oo ilmaheeda aad u jecel ayaad tahay, laakiin aan kuugu daro e, haddii aad doonayso in aad ilmahahaaga si fiican u xannaanayso horta adigu is xannaanee oo isu tur, markaa ayaad yeelanaysaa tabar kugu filan oo aad ku xannaanayso." Waligay erayadaa ma illoobo, waxaana aan isku dayaa in aan arrin kasta oo ilmakorinta la xiriirta ku dabbaqo.

Waxaa jira dad nolosheenna marar kala duwan soo mara oo aynnaan qiimahoodda iyo ahmiyaddooda mar kasta aqoonsan. Waa dad horseedayaal inoo noqda, haddii aynnu aqoonsannahay iyo haddii kalaba. Anigu horrseede aan ku daydo ayaan leeyahay, goobtayda shaqada iyo sidoo kale marka aanan shaqada joogin. Muhiim ma aha in horseedayaashaa iyo hagayaashaasu ay rasmi (official) ahaadaan; waxa muhiimka ahi waa in marka aad caawinaad u baahato u irkato iyaguna diyaar kuu yihiin.

Muhiimnimada in aad Yeelato Hab Caawimaadeed

Dhisidda hab caawimaadeed iyo dad aynnu ku xirnaano waa shaqo muhiim ah oo inoo taal, haddii aynnu nahay waaliddiinta Soomalida ah ee qurbaha. Waa suuragal in aynnu hab caawinaadeed ka helaynno Maraykanka laakiin aynnaan warba u hayn! Tusaale ahaan, sheekadii aniga igu saabsanayd ee bilowga cutubka aan idiin ku sheegay ayaa wax badan ka muujinaya xaaladaha nolosheenna waalid ahaaneed iyo aamminaad la'anta naga haysata bulshada iyo habmaamulka aynnu ku dhex noolnahay! Adeeggaa yar ee isbitaalka aan ka heli karo ma aannan aqoon, markii aan ogaadayna wax wayn ayaan ka dheefay. Dhammaantayo xaglin noo gaar ah ayaynnu leennahay, waxaana dhici karta in xataa aynnu diidno adeeg muhiim ah sababta oo ah aamminaad aynnaan ku qabin qofka adeeggaa bixinaya. Waxaynnu kale oo u malayn karnaa in diididda adeegyada ay inoo ku wacantahay aqoon la'aan, laakiin, dhab ahaan, sababtu waa aammin iyo fahan darro ina ka haysata habmaamulka guud ahaantiisa.

Anigu waligay caqabad afeed i ma qabsan markii aan dalkan imid. Waaliddiintay ayaa ku dedaalay in aan afka Ingiriisiga yaraan ku barto. Anigoo tobaneeyajir ah oo Soomaaliya jooga ayaan shaqo u bilaabay Qarammada Midoobay, shaqadaana waxaan ku helay afka qalaad oo aan aqiin. Sidoo kale, dadka qalaad (ajnabiga) anigu cuqdad ka ma aan qabin, xataa kuwa aan Muslimka ahayn. Awowgey (Alle ha u naxariistee) waxa uu cunnakariye u ahaa shirkad Talyaani ah oo Soomaaliya mooska ka dhoofin jirtay. Waa uu na wadi jiray oo shaqadiisa oo magaalada ka baxsan na geyn jiray. Sidaa ayaannu dad kala duwan wax u la cunnay oo u la dhaqannay, sannadkii 1994 ee aan shaqadaydii u horreysay Safaaradda Maraykanka ee Soomaaliya ka helayna waxaan dhex galay shaqaale ajnabi ah oo kala duwanaanta dadeed dhib u ma aan arkayne in ay fiicantahay ayaan u arkayay. Sidaa oo ay tahay, mararka qaarkood waa ay adagtahay in aad adeeg laguu fidiyo iska aqbasho, xaalado kuwa aynnu ku noolnahay ka duwan iyo waxbarasho ka duwan oo aynnu dalkeennii hooyo kala nimid dartood. Habka adeegga caafimaadka waxba ka ma aanan aqoon, sidaa awgeedna waxaan u baahnaa waqti aan ku fahmo oo uu iiga daaddego. Waxaa kale oo fahankeedu muhiim yahay in si kasta oo wax loo barto aynnu wali gudaha isaga haysanno hab nololeed aynnaan ku baraarugsanayn oo marka arrini ina qabsato innaga oo aan u dan lahayn naga muuqda. Waa sababtaa tan aynnu u qaadannaa tababarka aqoonsiga xaglinta kama'da ah ee la siiyo shaqaalaha marka lagu arko dabeecado aan kas ka ahayn oo ay macaamiishooda si aan qummanayn ugu la dhaqmaan. Waxaan arki jiray hooyaday iyo hooyooyinka kale oo ilmahooda aan marna ka fogaan. Ilmaha dhashay hooyadood ayay sariirta la seexan jireen (safety and sudden infant death syndrome ka hadli maynno hadda). Xataa markii aan gabadhayda curadda ah Baakistaan ku ummulay ma xusuusto qol aan kaayaga aannu wada joognay ahayn oo la geeyay. Ha samaato ama ha xumaato e sidaa ayaan aqiin oo waligay arkayay, markii aan hooyo noqdayna sidii uun ayaan u dhaqmay. Waxaa iyaduna muhiim ah in aan sheego wax aan arki jiray oo aanan halkan qurabaha ah ku arag. Mar kasta oo hooyaday ama qof ehelka ahi ummusho, deriska iyo ehelka ayaa u iman jiray oo hawlaha kala qaybsan jiray. Qaarkood ummusha ayay dharka u mayri jireen, qaar reerka ayay cunnada u karin jireen, qaarna ilmaha ayay ka qaban jireen oo dhabta ku hayn jireen si ummushu u nasato ama xoogaa u seexato hadba marka loo yimaado maalmaha hore. Hooyadu iyaduna dhawr beri ka hor inta aanay ummulin waa ay isa sii diyaarin jirtay iyada oo filaysa in la soo booqanayo. Waxay u yeeran jirtay dad guriga la hagaajiya oo macmacaan iyo oodkac (muqmad)

martida la siiyo la sameeya. Sidaa ayaa caawimada iskux-
irnaanta bulsho u hawlgeli jirtay. Hab qoran oo la raaco
muhiim ma ahayne waa caadooyin joogto ahaa oo aannu
awoowayaasho ka dhaxalnay.

Halkan, Maraykanka, caadooyinkaasi waa sii yara-
naanayaan duruufo nolosha qoysaska qurbajoogga ah ku
xeeran dartood. Aniga waa dambe ayay ii kala caddaatay,
markii aan muddo joogay oo xaalkeenna dersay. Waxaa
jira noocyo caawinaado ah oo qurbaha laga heli karo,
laakiin ma naqaan, ama waa wax na la xun, sidaa aw-
geedna caawinaad degdeg u ma raadsanno. Waqti iyo jawi
ku habboon oo aynnu ku wada fahanno ayaynnu u baa-
hannahay si aynnu ugu kalsoonanno habka maamul iyo
dhismaha bulsheed ee aynnu ku dhex noolnahay. Haddii
aad tahay waalid Soomaali qurbajoog ah, sheekadaa i soo
martay waad i la dareemi kartaa ama mid kale oo ka sii
qoto dheer ayaa ku soo martay oo xaaladaha na haysta
muujinaysa. Adduunku siyaabo yaab leh ayuu aad isugu
beddelayaa, kuwaa oo ay ka mid yihiin sida aynnu u wada
xiriirno, sida aynnu u ganacsanno, iyo sida ilmaheennu
u korayaan. Haddaba, si aynnu isbeddeladaa uga gaas-
haamanno oo u guuleysanno, waxaan u baahannahay in
ay aan dadka kale xiriir la yeelanno. U ma baahnin in
aynnu wax kasta salka ka soo bilownno ee waa in an aan
xiriirro yeelannaa oo ku baaraarugnaa adeegyada aynnu
moogeyn ee heli karnay oo dardar gelinnaa ama wax ka
beddel ku samaynnaa si ay baahiyaheenna inoo gaarka
ah u daboolaan. Waxaa mararka qaar jiri kara fursado iyo
adeegyo heer sare ah oo inoo diyaar ah laakiin aynnaan
aqoon halka laga heli karo iyo cidda aynnu warsanno. In

aad xiriir dadeed oo aad kaashato yeelato bilow wanaagsan oo aynnu ku dhisno xiriirro xirfadlayaal iyo kuwo kalaba ayay noo noqon kartaa, si aynnu aqoonteenna ilmakorinta habboon kor ugu qaadno.

Dhisidda Hab Taageero Bulsheed naga Caawin kara in Aynnu Badbaadno oo Bullaallo

Hab-caawimaadeedka bulsho ee aynnu adeegsan jirnay waa hore waa uu daciifay, waxaana u baahannahay in aynnu dib ugu laabanno innaga oo isla markaana baranayna habab cusub oo aynnu ku badbaadno uguna bullaallo qurbaha. Waaliddiinta Soomaalida ahi waxay u baahanyihiin jawi ku habboon oo ay cadaadis la'aan ku baran karaan habab cusub, caadooyinkooda dhaqamadeed ee wanaagsan ku adeegsadaan, dadka kalana ay xiriir ku la yeeshaan. Waagii hore waxaannu ku tiirsananayn ehelkayaga badan iyo deriskayaga oo aannu ilmakorinta oo masuuliyad bulsheed ahayd u adeegsan jirnay. Hadda, qurbaha, wax kastaa waa ay is beddeleen. Habka bulsheed waa uu ka duwanyahay keennii, taasina waxay noqon kartaa sababta ugu wayn ee qaxootigeenna halkan keentay. Waaliddiinta Soomaaliyeed si fiican ayay u fahansanyihiin waxa aan ka hadlayo, laakiin ceebayn ay ka baqayaan iyo cadaadis xuddudaha naga la soo gudbay dartood ayaynnu waxyaalahaa u qarsannaa, wax kasta oo aannu qarsannaana ha dhawaato ama ha fogaatee mar uun bay nagu soo bixin! Waxa aynnu taa ka dheefnaa waa uun in ay si xun u saamayso ilmakorinteenna. Waaliddiintu waa in ay fahmaan oo ku kalsoonaadaan hab-dhismeedyada bulsho ee ay ku dhex noolyihiin.

Waxay kale oo u baahanyihiin in ay si fiican u qiimeeyaan dadka badan ee qoyska/ehelada ah, saaxiibbada, iyo deriska, inta aanay iska aamminin. Waaliddiin qaar wali u haysta in habkii caawimaadeed ee ay hore u adeegsan jireen uu wali sidiisii halkan (qurbaha) uga shaqaynayo ayay cashar u noqotay markii dhibaatooyin ka qabsadeen.

Sannadkii 2009, nin Soomaali ah oo gobolka Kansan (Maraykan) ku noolaa ayaa faraxumeeyay oo uureeyay gabar ooridiisu dhashay (isaga u ma ay dhalin), ooridiisiina iyada oo mayd ah ayaa la helay! Waa dhacdo naxdin leh oo aad u murugsan. Xanta aannu maqalnay waxay sheegaysaa in gabadha yari ay hooyadeed u dacwootay oo u sheegtay in adeer faraxumeeyo (u galmoodo)! Hooyadii wax kasta oo ay arrinkaa ku xallin kartay ayay isku dayday. Culummada degaanka ayay la xiriidhay, isagii bay la hadashay, dacwadna waa gudbisay. Aan soo gaabiyo e, gabadhii yarayd uur baa ku soo baxay, arrintiina circa ayay isku shareertay ilaa markii dambe hooyadii maydkeeda la helay! Dhacdadaan iyo kuwo kale oo la mid ah ayaa ina xusuusinaya in habkeennii hore ee aamminidda ehelka iyo qaraabada dhow halkan qurbaha dibu'eegid lagu sameeyo. Tani waxay noqon kartaa arrin cusub oo baqdin iyo is aamminid la'aan ka dhex abuurta dadka daacadda ah, laakiin muhimmada wayni waa in waalid ahaan la fahmo in dalkan haddii wax khaldamaan xataa adiga waalidka ah xabsi lagu dhigi karo haddii dambi tacaddi ah lagugu helo. Waaliddiinta qaarkood ayaa markaa oo kale ag-jooggoodu ilmaha khatar ku yahay oo qof qaraabo ahi ka badbaado fiicanyahay, ama is-weydaarka ayaa dhab noqon kara.

Dhisidda Xiriirro Caawimaadeed

Quraanku wuxuu leeyahay, "Illaahay ma dooriyo wax dad ku suganyahay intay ka dooriyaan waxa naftooda ku sugan" (13:11). Waaliddiinta Soomaalida ahi waxay ku suganyihiin xaalad jahawareer ah dalka iyo habka cusub ee aannu nimid oo aannaan ku kalsoonayn darteed. Dabcan, in xaalkeennu sidaa noqodo ku ma aannaan talagelin markii hore. Daruufo ay ka mid yihiin utumo hore oo nagu maqan iyo qixitaan ayaa sababay. Si ay ahaatabase, haddiiba aynnu dalkan cusub ee hadda hoyga inoo ah degnay, waa ku khasbannahay in aynnu baranno habka cusub ee nololeed iyo sidii loogu badbaadi lahaa. Aayaddaa Quraanka ah waxaa ku cad in Alle aanu xaalkeenna waxba ka beddelayn ilaa aynnu innagu dedaal isbeddel horseeda la nimaadno. Waa in aynnu si firfircoon u barannaa waxyaalo cusub, aqoonteenna kor u qaadnaa, hababkeennni hore ee nololeedna wax ka beddelnaa, si aynnu jiilkeenna cusub (ilmahayaga) ee aannu har iyo habeen u taagannahay cidlo ugu soo dhicin.

Qaybtan waxaan ku xusi doonaa habka loo samaysto xiriirro qofeed, waalid ahaaneed, iyo kuwo xirfadeed iyo waliba hab caawimaadeed oo aad ku tiirsanaato. Tan kowaad, fahan in xaalad kasta, mid qof ahaaneed ama mid bulsheed, ay leedahay saddex heer oo ka gaashaamasho. Waxay ku caawin karaan marka aad doonayso in aad xaalad ku haysata xakamayso (la qabsato) ama wax ka beddesho. Saddexdaa heer waxay kala yihiin:

1. Ka-hortag kowaad
2. Ka-hortag labaad
3. Ka-hortag saddexaad

Ka hortagga heerka koowaad, tusaale ahaan, waa in aad xaaladda sideeda guud ee ugu habboon ku celceliso (hayso). Ka soo qaad, ilme ayaa iskuul kuu dhigta buundadiisuna hoos u ma dhacdo, si wanaagsan oo fasalkiisa u qalanta ayuu wax u akhriyaa, shaqagurigiisana waa uu ka shaqeeyaa isaga oo aan kaalmayn badan u baahnayn. Ka-hortagga heerka laabaa di waa ilmaha oo buundadiisu ka hoos marto heerka fasalkiisa u qalanta oo uu markaa dhicid khatar ugu jiro. Ka-hortagga saddexaadi waa marka ilmahaasi waxbarashada iskuulka ku dhaco ama inta uu fasal ku baasi waayo laga doonayo in uu ku soo celiyo. Haddii si kale loo dhigo, heerka koowaad waa sida caadiga ah ee aynnu wada doonaynno, heerka saddexaadna waa marka dhibaatada wayni dhacdo ee aynnu khalkhalno. Marka aad habkaaga caawimaadeed dhisanayso, xusuusnow saddexdaa heer ee ka-hortag dabadeedna xaaladdaada gaar ahaaneed ku dabbaq. Tusaale ahaan, haddii xaalkaagu heerka labaad joogo, ama heerka khatarta ku suganyahay, inta liis (qodobbo) heerkaa waafaqsan diyaarsatid caawinaad doono. Si taa la mid ah, haddii aad ilmakorintaada caawimaad degdeg ah ugu baahato ama uu kuu joogo ilme dabcigiisu silloonaaday oo buundiisa iskuulku C ay ku badato, kooxdaada gargaarka ee dhibta xilligaa taagan kaa caawin karta raadso oo kala tasho xalka.

Xiriir Waalid iyo Xirfadle

Dhisidda xiriir waalid iyo xirfadlayaal waxa ay kaa caawinaysaa helidda hab caawimaadeed oo marka aad u baahato u baxsato. Dhammaantayo waxaynnu leennahay xiriirro saaxibyinnimo, deris, ehel/qaraabo, iyo xirfadlayaal. Waa in aynnu liisas is waafaqsan u kala qaybinnaa xiriirka aynnu la leennahayna adkaynnaa innaga oo intaa liiskeenna hadba sii kobcinayna. Marka aad bilaabayso, marka hore eeg liiska/tirada dadka aad xiriidhaan.

Dhammaantayo waxaannu u baahannahay waqtiyo aynnu bulshaynno oo xiriir la yeelanno dadka aadka u danaynayana waxyaalaha aynnu danaynno ee muhiimka inoo ah. Laba liis samayso: mid waalid iyo mid xirfadley. Dhammaan magacyada waaliddiinta ku dhig liiska WAALIDKA; adeegayaasha xannaannada bixiya, dakhtarrada, shaqaalaha daryeelka/adeegga bulshada, maktabahayayaasha, iyo xirfadlayaasha arrimaha dhallinyarada ka shaqeeya ku dhig liiska XIRFADLEYDA. Baraha warbaahinta bulshada (internetka) saaxiibbo aad isku degaan tihiin ayaad ku leedahay. Wayddii waaliddiinta kaa aqbala in aad ka sheekaysataan sida loo helo koorsooyin lagu barto ilmakorinta oo koritaanka waxbarasho ee ilmihiinnana ka niqaasha. Kulammada waxaa lagu qaban karaa maktabadaha (kuwa akhriska), xarumaha bulsahada, ama xataa masjidyada. Bilow qorshaha sidii aad u la hadli lahayd dadka liiskaaga xirfadleyda ku jira, midba mar, oo wayddii xog ku saabsan barnaamijyada carruurta iyo koorsooyinka ilmakorinta lagu baro. Tusaale ahaan, waxaad la hadli kartaa dhakhtarka ilmahaaga ama kaagaba marka aad u tagto iyo maktabahayaha, marka aad maktabadda buugag ka soo qaadanayso ama akhris iyo dano kale u tagto. Xusuusnow, yoolku waa in aad firfircooni muujisaa oo xiriirro dadeed dhisataa. Marka aad caawimaad ugu baahato arrin ilmaha ama qoyska la xiriidha, u bandhigidda dadkaasi waa ay kuu fududaanaysaa illeen hore ayaad xiriir u la samaysataya e. Maktabahayuhu wuxuu kuu sheegi karaa barnaamijyada ilmaha loogu talagalay ee soo socda, adeegaha daryeelka bulsheedna wuxuu kuu sheegi karaa fursado ama barnaamijyo waxbarasho ee degaankaaga laga helayo, kuwaa oo qoysaska iyo carruuraha loogu talagalay. Xataa mid ka mid ah xirfadlayaashaa ayaa ku casuumi kartaa shirarkiinna waaliddiinta. Waxaa aad marka dambe gaari doontaa heer inta aad ugu bogto shirka soo socda sugi kari waydo! Markaa ayaa lagu kordhiyaa kulammo qaab dhaqameed leh oo jadwal loo samaystaa kulammo bille ah oo cunnooyin kala duwan la isugu keeno (qof kastaa cunno dhaqameedkiisa ayuu shirka keenayaa oo la wada cunayaa). Waaliddiinta kale ayaad la kaashan kartaa in ay kaa caawiyaan isu keenidda waaliddiinta oo dhan si aad uga wada hadashaan mustaqbalka carruurihiinna. Ha moogaan iyadana in aad dadka warsato haddii ay ogyihiin wax tababarro waalidnimo/ilmakorin ku saabsan oo xaafadda aad deggantahay ka dhacaya. Ka qaybgal tabarradaa, xataa haddii afka lagu bixinayo kugu adagyahay, oo xiriir la yeelo waaliddiinta kale ee aan Bariga Afrika ka soo jeedin. Waxaynnu ku noolnahay duni dadkeedu kala duwanyahay oo kala dhaqan yahay, marka arrinku joogo xannaanada iyo waxbarashada ilmahana dhammaantayo isku dan ayaynnu nahay, meel la doono ha laga kala yimaadee. Danteennu waa uun in aynu ilmaheenna ku sinno fursadda waxbarasho ee ugu wanaagsan ee aynnu u heli karno.

Ha la Allabaryo!

Allabari waa dhaqan fac wayn oo ay qoysasku ku dhaqmi jireen. Waxay dhigi jireen waliimooyin ducaysi oo cunno lagu cuno Allana lagu baryo. Qoysaska qurbaha in aad u yar ayaa dhaqankaa sii haysta. In aan ducaysto ayaan jecelahay marka arrini iga walaaciso, sida dad badaniba u jecelyihiin. Dadka badankiisu waxay ducada xusuustaan marka xaalku ku xunyahay. Tusaale ahaan, waxaynnu warbaahinta ku aragnaa in mar kasta oo shil toogasho dad lagu laayo ay dadku u duceeyaan dhibbanayaasha. "Waan ku soo ducaynayaa" waa hawraar aynnu waayadan aad u maqalno musiibooyinka aan dhammaanayn ee waayadan dambe dhacayay dartood. Dhaqan ahaan, Allabariga la la ma sugi jirin inta dhibaato dhacayso. Waagii aan yaraa waan arki jiray oo gurigayaga ayaaba lagu dhigi jiray Allabariga. Waxaa la cusumi jiray marti ilaa boqol qof gaadha oo isugu jirta qoysas kale, ehel iyo qaraabo, deris, wadaaddo, iyo xataa masaakiinta tuugsata. Cunno aad u badan ayaa waxaa karin jiray dumar xirfad u leh, ugu yaraanna laba neef oo ari ah hilibkood ayaa la diyaarin jiray, haddiiba aan neef lo' ah la qalin! Marka cunnada la cuno, waxaa loo ducayn jiray xubnaha qoyska oo dhan (oo carruurtuna ku irto). Wadaaddadu waxay akhrin jireen qaybo Quraanka ka mid ah waana ducayn jireen. Marka aan ugu jeclaa waxay ahayd marka deriska nagu dhadhawi cunnada qaar guryahooda u qaataan, dhawr miskiinnna bannaanka soo istaagaan oo qayb in laga siiyo halkooda ku dhawraan. Yaa casumay iyaga? Marka Allabari meel ka jiro waxaa lagu gartaa laba ca-laamadood: dad aad u badan oo guriga casuumadda lagu dhigay galoobaxaya iyo dhiigga iyo hargaha neefkii la qalay ee dibedda quban.

U ma baahnin in aynnu casuumad wayn dhigno halkan qurbaha, laakiin waxaynnu u baahannahay in aynnu mar kasta ducaysanno. Waxaa dhacda in hawlaheenna ilmakorintu ina ku adkaadaan. Waaliddiinta qaarkood ayaa sheegan kara in ilmahoodii la xiray ama iskuulkii buu ku dhacay oo fursad dambe heli maayo. Maya, sidaa ma aha e, Alle albaabbadiisu mar kasta waa ay furanyihiin. Sidaa awgeed, marka aad habkaaga caawimaadeed diyaarsanayso ee aad qorshahaaga wax ka beddelayso, Allabarigana ku darso. Si kale oo kuu habboon u samayso. Kulankiinna billaha ah ee cunnada la isugu keeno ayaad Allabari u rogi kartaan oo cunnadaa dadka hoy-laawayaasha ah iyo inta kale ee u baahan u qaybin kartaan. Dadka ka farxi oo hadiyado aadan u sii sheegin u soo iibi ilme aan fursad u helin waalid u xannaaneeya sida aad kuwaaga u xannaanayso. Ilmahaasi xataa haddii aanu afka kaaga ducayn qalbigiisa aad ka farxisay ayaa kuu ducaynaya!

Mahadcelin

Mahad oo dhan waxaa leh Allaha iigu deeqay aqoonta, waaya-aragnimada, iyo fikradahan aan idin la wadaagayba. Waxaan aad ugu mahadcelinayaa aabbahay, Aadan Cali, iyo hooyaday Khadiija Cismaan, oo sidii ugu wanaagsanayd ii koriyay. Iyaga ayaan ka bartay wax badan oo ku saabsan korinta ilme isku kalsoon oo naxariis leh. Hooyo ilmaheeda aad u xanaanaysa oo isha ku haysa oo haddana wax baratay ma aanan ahaadeen hooyaday la'aanteed. Hooyaday ayaa igu ababisay edboonaanta/dabciwanaagga oo i siisay waxbarasho dhallaanku xilli hore helo tan ugu wanaagsan. Balanbaallista dhiirran ee aan maanta ahayna ma ahaadeen haddii aanan dhiirrigelin ka heleen aabbahay oo ii la dhaqmi jiray si aan ka duwanayn sida uu wiilasha u la dhaqmo, iyada oo dhaqanka Soomaalidu aanu wiilasha iyo gabdhaha isku si u qiimayn! Ma jirin cid iiga qiime badnayd qoyskayga intii aan hawshan waday; seygayga, Maxamad Maxamuud, iyo saddexda ilmood. Waad ku mahadsantihiin taageerada iyo sabirka aad ii yeelateen. Waxaan abaal u hayaa daabacahayaga, Kooxda Wise Ink, Laura Zats, oo i hagaysay tallaaba kasta oo aan qaato intii aan buuggan qorayay. Tifaftirahayha, Erik (Ingiriisiga), oo talooyin mararka qaarkood qaadashoodu adkayd laakiin in aan qaato aad muhiim iigu ahaa i siiyay. Patrick iyo Graham waxaan uga mahadcelinayaa sidii aadka u wacnayd ee ay iiga caawiyeen qaabaynta buugga. Iyo Roseanne oo sida aan erayada u dhigayo aad u quraartay oo u qurxisay. Waligaa Roseanne la'aanteed suuqa la ma aado! Mar kasta waa ay fiicantahay in taageerayaal ay ka mid yihiin Bernie Ferrel oo ah Agaasimaha Adeegyada Dhallinyarada ee Maktabadda Henneppin County, Sarah Super oo ah aas-aasaha Break the Silence igu xirtay madbacadda heerka sare ah ee Wise Ink. Ma illoobi karo u mahadnaqa Amelia Hansa, Agaasimaha Best Buy Teen Center ee Minneapolis Central Library. Fikradihii aad igu biirisay waa lagu faa'iday ayaan ku leeyahay.

Waxaan si qiime dheeraad ah leh ugu mahadnaqa-yaa dhammaan waallidiintii, gaar ahaan hooyooyinka, i la wadaaday oo iiga sheekeeyay dhacdooyin kala duwan oo ay u soo joogeen. Waaliddiintaa sheekooyinkoodu igu ma ay dhiirrigelin in aan buuggan arrimaha ilmakorinta ku saabsan qoro oo kali ah e waxa aannu si qoto dheer uga wada hadalnay waxa waaliddiinta Soomaalida ah ee qurbaha meeshaa soo gaarsiiyay iyo in xaaladda jirta la da-reensiiyo dhammaan inta dani ugu jirto safarkan dheer ee Ilmakorinta Haboon. Aad ayaan uga faa'iidaystay oo uga fikirayay aniga oo isla markaana qoraya buuggan muhiimka ah oo aan rejaynayo in uu wax wayn tari doono macal-limiinta, la-taliyayaasha, tababarayaasha, iyo waaliddiinta Soomaalida ah. Waxaan ku rejo waynahay in buuggani wax ka beddeli doono habraaca ilmakorinta waaliddiinta Soomaalida iyo sida xirfadlayaasha adeegyada bulshada bixiyaa ugu adeegaan bulshada Soomaalida.

Tixraac

Center on the Developing Child. n.d. "5 Steps for Brain-Building Serve and Return." Harvard University. https://developingchild.harvard.edu/resources/5-steps-for-brain-building-serve-and-return

The American Academy of Pediatrics. 2012. "Breastfeeding and the Use of Human Milk." Pediatrics 129, no. 3 (Mar. 2012): https://doi.org/10.1542/peds.2011-3552.

Carskadon, Mary. "Inside the Teenage Brain." n.d. Frontline. PBS. https://www.pbs.org/wgbh/pages/frontline/shows/teenbrain/interviews/carskadon.html.

"Child Abuse." 2018. Mayo Clinic. https://www.mayoclinic.org/diseases-conditions/child-abuse/symptoms-causes/syc-20370864.

Connor, Phillip, and Jens Manuel Krogstad. 2016. "5 Facts About the Global Somali Diaspora." Pew Research Center. http://www.pewresearch.org/facttank/2016/06/01/5-facts-about-the-global-somali-diaspora/.

Dolch, Edward W. 1948. Problems in Reading. Champaign, IL: Garrard Press.

Dweck, Carol S. 2016. Mindset: The New Psychology of Success. New York: Random House.

National Academies of Sciences, Engineering, and Medicine. 2016. Parenting Matters: Supporting Parents of Children Ages 0-8. Edited by Vivian L. Gadsden, Morgan Ford, and Heather Breiner. Washington D.C.: The National Academies Press. https://doi.org/10.17226/21868.

Heitner, Devorah. 2016. Screenwise: Helping Kids Thrive (and Survive) in Their Digital World. Brookline, MA: Bibliomotion, Inc.

Somali Kids Songs. "Huuwaya Huuwa Somali Baby Song Somali Lullaby." YouTube. November 2, 2016. www.youtube.com/watch?v=YT_YhesfxOk&feature=youtu.be.

Kendra Cherry. "The 4 Stages of Cognitive Development: Background and Key Concepts of Piaget's Theory." Verywell mind. About, Inc. (Dotdash). Updated October 15, 2018. www.verywell.com/piagets-stages-of-cognitive-development-2795457.

Klein, Helen Altman, and Jeanne Ballantine. 2001. "For Parents Particularly: Raising Competent Kids: The Authoritative Parenting Style." Childhood Education

78 (1): 46–47. https://doi.org/10.1080/00094056.2001.105
216 89.

Mitchell, Corey. "Immigrant Influxes Put U.S. Schools to the Test." Education Week 35, no. 24: 10-11. Updated March 30, 2016. https://www.edweek.org/ew/articles/2016/03/16/immigrant-influxes-put-us-schools-to-test.html.

Mubārakfūrī, Ṣafi-'r-Ra mān al-, and Abdul Malik Mujahid. The Sealed Nectar: (Ar-Raheequl-Makhtum); Biography of the Noble Prophet. Maktaba DarusSalam, 1995.

Muennig, Peter, Dylan Robertson, Gretchen Johnson, Frances Campbell, Elizabeth P. Pungello, and Matthew Neidell. 2011. "The Effect of an Early Education Program on Adult Health: The Carolina Abecedarian Project Randomized Controlled Trial." American Journal Of Public Health 101 no. 3 (March 2011): 512 516. https://doi.org/10.2105/AJPH.2010.200063.

National Association for the Education of Young Children (2009). "Developmentally Appropriate Practice in Early Childhood Programs Serving Children from Birth through Age 8: Position Statement." National Association for the Education of Young Children. https://www.naeyc.org/sites/default/files/globally-shared/downloads/PDFs/resources/position-statements/PSDAP.pdf.

Norrman, Gunnar, and Emanuel Bylund. 2016. "The Irreversibility of Sensitive Period Effects in Language Development: Evidence from Second Language Acquisition in International Adoptees." Developmental Science 19 no.3 (May 2016): 513-520. https://doi.org/10.1111/desc.12332.

QURAANKA KARIIMKA iyo Tarjamada Macnihiisa Ee Afka Soomaaliga Tarjume Sheikh Maxamuud Maxamed Cabdi 7/11/sanadkii 1405 H

Santori, Mathew, and Maureen Wagner. 2013. "Early Childhood Development Services in Cedar-Riverside: Landscape Analysis and Strategic Action Plan." (Master of Public Policy Professional Paper, The University of Minnesota). https://conservancy.umn.edu/bitstream/handle/11299/149292/santori_?sequence=1.

Shah, Saqib (2016). "The History of Social Networking." Digital Trends. www.digitaltrends.com/features/the-history-of-social-networking/.

"What Are the Benefits of Breastfeeding?" Eunice Kennedy Shriver National Institute of Child Health and Human Development. U.S. Department of Health and Human Services. Last reviewed July 27, 2018. www.nichd.nih.gov/health/topics/breastfeeding/condition-info/Pages/benefits.aspx.

www.ingramcontent.com/pod-product-compliance
Lightning Source LLC
Chambersburg PA
CBHW060527080526
44586CB00012B/651